叢書〈語りつぐ政治思想〉
Political Theory

Tocqueville

語りつぐトクヴィル

再生のための「デモクラシー」考

中谷猛 著

萌書房

語りつぐトクヴィル——再生のための「デモクラシー」考——*目次

＊

資　料

＊

語りつぐトクヴィル

――再生のための「デモクラシー」考――

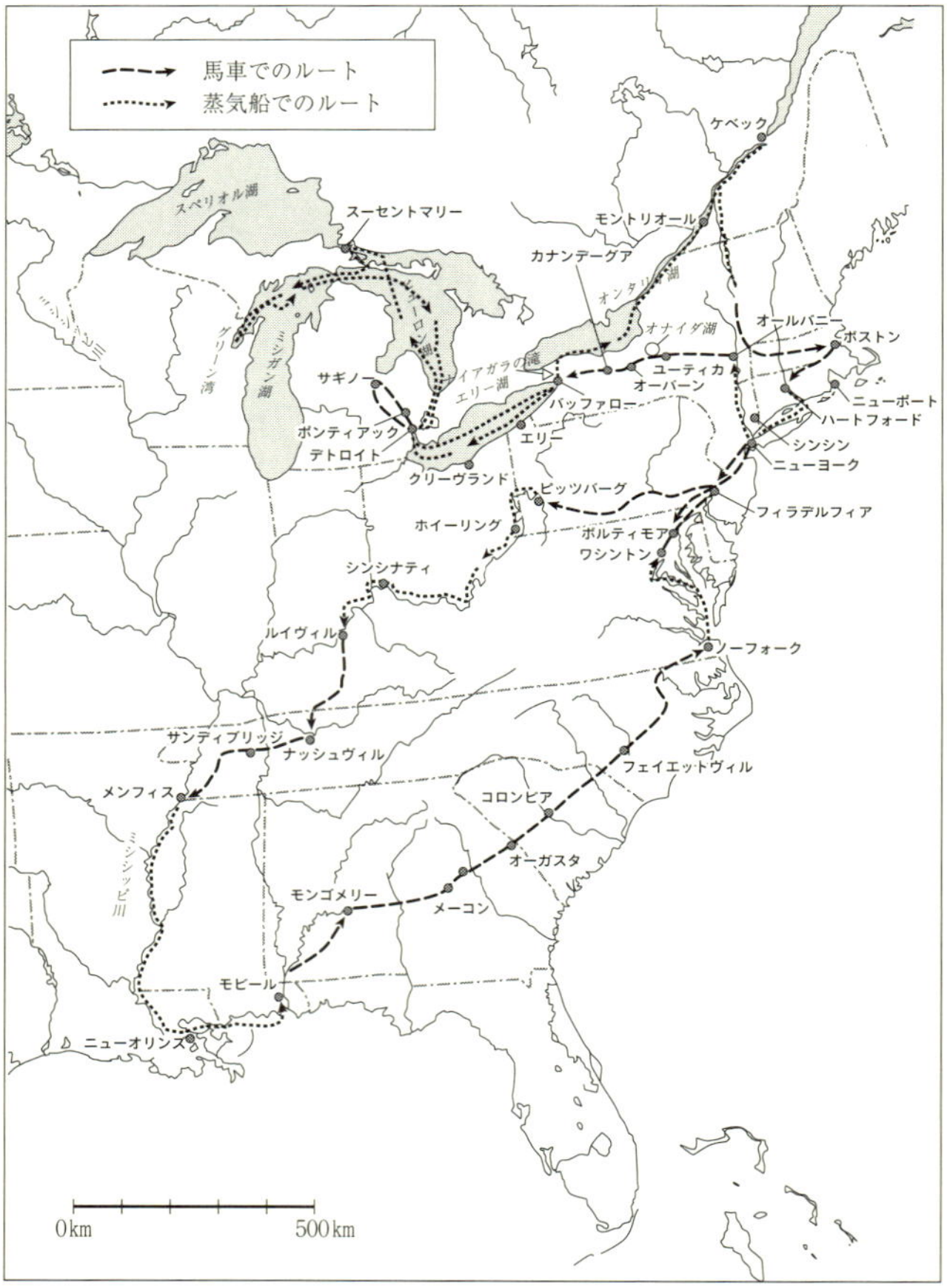

トクヴィルとボーモンが辿ったルート

序論

●日本での「民主主義」

日本では「民主主義」と訳されている「デモクラシー」とは何か。様々な立場から多数の書物が出版され話題に事欠かない。まさに現代の最も重要なテーマではあるが、論争的な概念であるといっても過言ではない。[*1]「デモクラシー」には両義性がある。「民衆による統治」(『オックスフォード英語辞典』)という統治の担い手から見ると、プラス価値を帯びるが、この「民衆」を「人民」や「多数」と捉えるか、また「暴民」と捉えるかでまったく意味が違ってくる。「衆愚政治」と理解すると、マイナス価値を持つことは明白である。だから議論が起こり曖昧さも残る。

●ヨーロッパの市民革命

もちろん、現代では政治社会や社会生活でその価値を否定する人はまずいない。歴史上人類が勝ち取ってきた普遍的原理(自由の観念や平等の理念)に「デモクラシー」は支えられているからである。近代西洋の

＊1　「デモクラシー」とは多様な意味を持つ言葉である。したがってそれは両面的な価値を持つ思想や運動を意味する。理念としての「デモクラシー」に自由と平等があることを知らない人はいないだろう。今日までに出版された研究書は数え切れない。一般に日本では訳語として「民主主義」が定着している。一方、欧米では暴民政治や多数支配や自己統治と様々な意味に解釈され、また負のイメージが付きまとう。二〇世紀の初頭になって初めて政治の世界では積極的な価値を持つものとして捉えられるようになった。二〇世紀になると、全体主義に対する「デモクラシー」の勝利が謳われ、この思想は世界を席捲する。

国々において勃発したイギリスのピューリタン革命（一六四九年）やアメリカ独立革命（一七七五—八三年）など、いわゆる「市民革命」、その代表例がフランス革命（一七八九—九九年）であることはいうまでもない。これら諸革命の成果として「デモクラシー」がある。一七八九年の有名な「フランスの人及び市民の権利宣言」（巻末資料参照）こそその思想を表現したものといえる。

フランス革命後、一人の若い貴族であるアレクシ・ド・トクヴィル（一八〇五—五九）が出現して新しく誕生したばかりのアメリカ合衆国、つまり「巨大なデモクラシー社会」を観察の対象にする。[*2] 遠縁に当たる親友だが、年上の貴族ギュスターヴ・ド・ボーモン（一八〇二—六六）と監獄制度の視察の名目で約九カ月間共和国各地を歴訪した。その見聞をもとにトクヴィルは彼を一躍有名にした『アメリカのデモクラシー』（一八三五年第一巻、二分冊）を出版する。[*3] この著作ではアメリカ共和国全般が好奇心を持った青年貴族の観察眼で捉えられた。評判になったこの作品は、生まれて間もない合衆国を広い視野から近代デモクラシーとそ

*2 A. Jardin, *Alexis de Tocqueville, 1805-1859* (Hachette, 1984). 大津真作訳『トクヴィル伝』（晶文社、一九九四年）。トクヴィルの伝記には A. Redier, *Comme disait Monsieur de Tocqueville* (Librairie Acadimique, 1925) があるが、ジャルダンの伝記は決定版という評価がある。最近の伝記として H. Brogan, *Alexis de Tocqueville — a life —* (Yale University Press, 2006) や G. de Robien, *Alexis de Tocqueville* (Flammarion, 2000) がある。

*3 本書では、トクヴィルの著作については、主にガリマール社プレイアド版著作集第Ⅰ、Ⅱ、Ⅲ巻（*Tocqueville Œuvres, I-III*, Gallimard, 1991-2004）を使用した。そこからの引用につ

の担い手の活動と見て活写したものである。

●問題意識としての「デモクラシー」

「デモクラシー」とは何か。この問題意識が終生彼の脳裏から離れなかった。とにかくヨーロッパ社会はいまだ伝統的階層制社会の影響が強い。つまり王政か立憲君主政が大半であり、フランスは近代社会になったとはいえ「デモクラシー」にはフランス革命の影響、特にロベスピエール（一七六四－九四）らの「ジャコバン独裁」[*4]または「恐怖政治（テルール）」のイメージが付着している。概して「デモクラシー」は衆愚政治に陥ると評判が悪い。現実政治では二〇世紀の前半、第一次世界大戦あたりから初めてプラス価値に転じる。

フランス革命後の世代に属すトクヴィルは、台頭してくる「デモクラシー」[*5]に着目し醒めた目で観察した稀有の思想家といってよい。

本書は「デモクラシー」を追い続けた彼の複雑な思想構造がどのような視角から組み立てられていたか、また思想的な遺産とは何かを論じて

いては、例えば第Ⅱ巻一〇頁からであれば、本文中に「ii10」のように引用箇所を明記した。また、併せて、邦訳書としては、II. *De la démocratie en Amérique*(1835, 1840)については松本礼二訳『アメリカのデモクラシー』（第一巻上下、第二巻上下、岩波書店、二〇〇五－二〇〇八年）（この訳書は各種の校訂本を参照し、プレイアド版の誤植まで訂正しており、訳としても読みやすく、その注解も参考になる）を、III. *État et politique de la France avant et depuis 1789*(1836)と*L'Ancien régime et la Révolution*(1856)については小山勉訳『旧体制と大革命』（筑摩書房、一九九八年）を、そして、*souvenirs*(1850-1851)については喜安朗訳『フ

その現代的な関連性を探ることにある。この問題意識の下にトクヴィルが「いま」を生きた思想家であることを明らかにし、その過程で「デモクラシー」がどのような意味として捉えられていったのか、議論の中身が多面的に追究される様相に迫りたい。分析の視点である「いま」とは何かについて簡単な説明がいるだろう。

●三層の「いま」とは

「いま」とは三つの異なる次元から成り立っている。第一は未来の「いま」がある。すなわち「デモクラシー」の躍動するアメリカ社会に身をおいて、その視点からこの社会を動かしている情熱や政治「原理」の動きを平等―平等化として探る。フランスの青年貴族には母国フランスから想像すると、アメリカ社会が「未来の社会」と映る。というのは、そこでは「平等」の観念が政治の「原理」として社会に浸透して平等化が進展していたからである。当然、フランスとの対比という思考方法が取られていた、と考えてよい。実際、二人は各地で「境遇の平等」（エガ

ランス二月革命の日々――トクヴィル回想録』（岩波書店、一九八八年）を使用した。それぞれの引用箇所については、例えば「松本訳1上9」、「小山訳79」、「喜安訳63」のように略記し、ガリマール社プレイアド版著作集の引用箇所の直後に併記した。またJ.P. Mayer版全集を使用した場合、*Œuvres* M. t. Iと略記した。

＊4　執行機関の公安委員会と警察機関の保安委員会が強力な権限をにぎり、恐怖政治を行った。ジャコバン派、特にロベスピエール派の政治をいう。

＊5　同時代のド・セールが下院では「デモクラシーはいたるところで活力とエネルギーにあふれている。〔中略〕その奔流はもろい堤防を越えてあふれ出

リテ・デ・コンディスィオン）の政治的社会的な作用に驚いた。アメリカでは彼らは未来の「いま」を生きていると実感したに違いない。

第二はフランスでの「いま」がある。この「いま」、すなわち「現実」とは、フランス革命後の一九世紀社会であり、「デモクラシー」の到来が『アメリカのデモクラシー』序文によって歴史的にも実証される時代でもあった。様々な軋轢を生じる現実社会の中でトクヴィルの思想的な苦悩が跡付けられる。すなわち、フランスはナポレオン帝国（一八〇四―一五年）の崩壊を経て立憲君主制が成立し、七月革命[*6]で樹立されるルイ・フィリップ王政[*7]から二月革命[*8]に続く第二共和政――三日間にわたる六月事件ではブルジョワとプロレタリアの階級的激戦となる――、そしてルイ・ナポレオンのクーデタ（一八五一年一二月二日）による第二帝政[*9]の樹立へと続く大変動の時代であった[*10]。そこにはトクヴィルの揺れ動く「デモクラシー」像の模索が明らかとなる。

第三にクーデタ後、政界と決別したトクヴィルは自国の歴史研究、つまり過去の時代に向かう。実際には、代議士やルイ・ナポレオン大統領

してる」(*Moniteur Universel*, tome LXVIII (la séance du 22 janvier. Iº. 96))。

＊6　七月勅令に抗して民衆蜂起。「栄光の三日間」のちルイ・フィリップ王即位。

＊7　七月革命で成立した立憲君主政。神授権を否定し、「フランス人の王」と呼ばれた。「ブルジョワ」の立憲王政。

＊8　一八四八年二月に勃発、「改革宴会」に抗議するデモを弾圧したことに端を発する。第二共和政樹立。普通選挙による大統領制。復古王政下の最後の選挙では有権者は約九万四〇〇〇人、一八四八年四月の普通選挙制では約九四〇万人。

＊9　第二帝政は一八五二―七〇年。憲法は皇帝に対して行政権や軍隊統帥権や法律発議権な

下で短期に外相を務めた政治家としての体験を持つトクヴィルは、一八五一年一二月二日に拘束され政界引退。「旧体制」（アンシャン・レジーム）[*11]の行政資料（三部会陳情書やパリ徴税管区資料など）の古文書を渉猟し、それらを通じて過去の「いま」に生きる。[*12]第二帝政の「いま」とは、トクヴィルにとって過去について自らの思索に沈潜する豊かな時間となる。そこではフランス革命を対象にして、解剖学者の手法のようにその諸原因を追究する彼と自国の現状を憂える姿が重なっていた、と思われる。言い換えると、彼にとって至上価値である「人間の自由」やその「尊厳」がこの社会においてどうなるのであろうか、と自己反省や思索を深める老いたトクヴィルの姿が浮かび上がるのである。

　これら三つの「いま」を仮定して一人の人間が「デモクラシー」をどのように考えたか、その思考過程を明らかにしてみたい。これらは相互に交錯し複雑な様相を呈する。このことは各章で述べることにして先へ進もう。

ど強大権限を与える。

*10　A・テュデスク／大石明夫訳『フランスの民主主義――一八一五年以後――』（評論社、一九七四年）参照。Cf. D. Thomson, *Europe since Napoleon*, second edition, Revised (Alfred A. Knope, 1967), Part III.

*11　一般的には絶対王政の末期的症状を意味する。身分制社会の枠組みは維持されたが、実質的に各身分の利害は対立、階層分化も生じた。

*12　Cf. R. Harr, *Tocqueville and the Old Regime* (Princeton University Press, 1962), p. 3 *seq.* ルイス・ネイミア／都築忠七・飯倉章訳『一八四八年革命――ヨーロッパ・ナショナリズムの幕開け――』（平凡社、一九九八年）参照。

第一章

「デモクラシー」の発見と未来の「いま」

Tocqueville

1　平等の浸透するアメリカ社会

●鍵となる「境遇の平等」

『アメリカのデモクラシー』の序文にはアメリカ旅行の体験が驚きの感情と共に伝わってくる冒頭の一文がある。「合衆国に滞在中、注意を惹かれた新奇な事物の中でも、境遇の平等ほど私の目を驚かせたものはなかった。この基本的事実が社会の動きに与える深甚な影響はたやすく分かった」(i3、松本訳1上9)。「境遇の平等(エガリテ・デ・コンディスィオン)」を社会的事実として認識したこと、またフランス社会との対比という思考枠組みがあることは容易に理解できる。現実の復古王政や立憲君主政社会では、国王と貴族や名望家が議会を支配し一般民衆には選挙権がなかった。直接税を払う男子の限られた階層の人々だけに権利がある、いわゆる制限選挙王政である。大半の民衆は読み書きができなかったことはいうまでもない。[*1] 若いトクヴィルが驚くのも無理はない。合衆

＊1　復古王政では「憲章」が公布されイギリスをモデルに二院制を定め世襲議員からなる貴族院と選挙による代議院が設置された。選挙権は三〇歳以上で年三〇〇フランの直接税を払う男子に限定された。当時、総人口約三五〇〇万人のうち、有権者およそ一〇万人。その後七月王政では納税額を引下げ、一六万七〇〇〇人から二四万八〇〇〇人の有権者がいた。「名望家」とは「教養と財産」を持つ社会層でブルジョワ層とも重なる。

国では、「境遇の平等」が社会の隅々まで行き渡っていると捉えられた。この「事実」への認識はきわめて重要だといえる。

次に、この「デモクラシー革命がわれわれの間にも進行している」とヨーロッパを視野に収めて「デモクラシー」の進展が広く考察されていく(ii4. 松本訳1上10)。第三に「境遇の平等の漸次的進展」が「神の御業」と考えられ、平等の漸次的発展は人類の未来であると認識された。トクヴィルは、この「抗いがたい革命」に「一種の宗教的畏怖」(ii7. 松本訳1上15)の気持ちを隠そうとはしなかった。歴史の不可逆性の意識は、歴史の後戻りの可能性を信じる同時代のカトリック哲学者のボナルド(一七五四―一八四〇)や著述家ジョセフ・ド・メーストル(一七五三―一八二一)らの保守主義者とは当然異なる。だが、「宗教的な畏怖」をどのように解釈するかによって議論が別れるのは確かである。*2

●建国間もないアメリカ社会の分権型共和国

もちろん、アメリカ社会での実体験に裏付けられた若き日のトクヴィ

若き日のアレクシ・ド・トクヴィル。

*2 「宗教的畏怖」はde terreur religieuseが原文である。このterreurとは「恐怖(テルール)政治」と同じで、そこにトクヴィルが込めた意味が読み取れる。「デモクラシー」にいかに強い印象を抱いたか想像できよう。この「デモクラシー」に逆らうものは「神への挑戦」と彼は受け止めた。

ルの確信を軽視してはならない。平等化の潮流に対する観察の鋭さは旅行中のノートからはっきり読み取れる。[*3] そこに若者の感性に裏付けられた見方があり、またソルボンヌの歴史学教授、F・ギゾー[*4]（一七八七―一八七四）のヨーロッパ文明史講座の聴講の影響がうかがわれる。[*5]「デモクラシー」（平等化）の進展を神の業と見る「摂理」史観の立場は、当時のカトリック国フランスの宗教事情に密接な関連があったとはいえ、建国間もないアメリカ社会が率直な様子で観察されていたこととは矛盾しない。

さて、イタリアのルネサンス期のヴェネツィア都市共和国などを除くと、「共和政」一般について論じたものは、かつてモンテスキュー[*6]（一六八九―一七五五）やルソー[*7]（一七一二―七八）が古代ギリシャやローマ共和政を平等や徳の視点から論じた小さい共和国論以外にはない。[*8] トクヴィルの場合、「デモクラシー」の視点から広大な領域に発展する大共和国が論じられた。このような著作は西欧の世界にまだなかった。特に『アメリカのデモクラシー』第一部第四章に示されたように、彼の観察眼が

*3　Cf. T. Scheifer, *The Making of Tocqueville's Democracy in America* (Liberty Fund, 2000), second edition, p. 8 *seq.* 彼の旅行中のノート *Cahier E Tocqueville Œuvres* I (Gallimard, 1991) p. 292 *seq.* Impressions 15 mai 1831.

*4　七月王政下で公教育相、内務・外務相を歴任。二月革命で追放、のち帰還。安士正夫訳『ヨーロッパ文明史――ローマ帝国の崩壊よりフランス革命にいたる――』（みすず書房、一九八七年）等。

*5　Jardin, *op. cit.*, p. 81. 大津訳、九七頁。

*6　有名な啓蒙思想家、トクヴィルは彼の思想の後継者であり、「一九世紀のモンテスキュー」といわれた。主著に野田他

捉えたのは「人民主権」の原理が全社会を支配するという「事実」にあった。合衆国では「社会がそれ自身の力で、それ自身に働きかける。力は社会の内部にしか存在しない」(ii62-63, 松本訳1上93)。すなわち人民は立法者の選出を通じて法の作成に参加し、また執行権を行使する人々を選ぶ。だからアメリカでは政治の世界を支配しているのは「人民」であると捉えた。

次に、投票権はすべての州で一定期間選挙区に居住する二一歳以上の者に与えられる。選挙民の資格は各州ばらばらで、財産についてはいかなる条件もない州から、困窮者名簿に記載がなければよいとするメイン州や一定の土地財産を求めるテネシー州などがあると彼は補説で述べている(ii497A, 松本訳1上311-312補説H)。この記述にはフランスと対比して、男子普通選挙権が民衆に与えられる「未来」社会の「いま」を実感するトクヴィルがいる。各州はそれぞれ人民主権の原理に基づく分権型共和国といってよい。

全体として合衆国では、三権分立による「自由な国家」の巧妙な構造

訳『法の精神』(岩波文庫、一九八九年、全三巻)等がある。

＊7 人民主権論の大胆な主張者。本田・平岡訳『人間不平等起源論』(岩波文庫、一九八五年)や桑原・前川訳『社会契約論』(岩波文庫、一九五四年)等の著作がある。

＊8 Cf. *L'esprit républicain*, colloque d'Orléans 4 et 5 septembre 1970 (Klincksieck, 1972), p. 49 *seq.*

が構築され、連邦制国家として結実している。つまり各州の共和政体はその連合体である連邦制の統合によって合衆国となったのである。フランスと比較した場合、国民資格を有する者の選出による一人の執行者、つまり合衆国大統領は「デモクラシー」を意味する。だから多数意思の人格化にほかならない。政治原理が立憲君主政のフランスとはまったく異なっていたのはいうまでもない。

●弱い大統領権力と州政府の関係

すでに述べたようにトクヴィルの政治への関心は、権力の強弱や行使のあり方、特に「政治体の自律」[*9]に密接に関わる問題である。国民の代表全体が圧倒的な力を有すると捉えたトクヴィルは、アメリカ大統領の権力である執行権に注目した。すなわち「執行権の活動が鈍っても不都合はない。その活動はもともと弱く、限られているからである」（ⅰ144、松本訳1上209）と、その脆弱性が彼の関心事であった。連邦政府（中央政府）権力は各州に分割された巧妙な州政府の仕組みの上に成り立つ制度

＊9　宇野重規『政治哲学的考察――リベラルとソーシャルの間――』（岩波書店、二〇一六年）二三頁。この著作はトクヴィル論のみならず、フランス思想を現代的視角から考察したものである。副題の「リベラルとソーシャルの間」がそれを示している。

的な構築物である。したがって各州民にとって共通の法とは、何よりも州政府（小共和国）によって決められる。「州」という小共和国の連合体としての連邦の主権は、州の主権と複雑に絡み合っているが、連邦政府の権力は相対的に弱い。これが合衆国政府についてのトクヴィルの見方である。

言い換えると、トクヴィルの場合、連邦制とは地方自治の制度的な効用を取り入れた上に、国家権力＝連邦主権が制度の「工夫の産物」と考えられている。州の主権こそは自然なものである（i188, 松本訳1上272）という。この見方から制度的構造上、連邦権力の脆弱性という評価が与えられた。当時の旅行日記の一文（一八三一年九月二〇日）がこの評価につながることを実証する。すなわち「政府の不在（政府なしでやっていけるくらい人民が幸福である――これは稀なことではあるが――）がもたらす最も幸福な帰結の一つは個人の力の発展」[*10]だと考えた。この評価は「デモクラシー社会」における個人の活力・独立への着目や期待の表明と同時に、彼が権力について恐れを感じていたことの裏返しである。

父エルヴェ。背後で口述筆記しているのがアレクシ。

＊10 Jardin, *op. cit.*, p. 148. 大津訳、一七三頁。J.-P. Mayer, *Œuvres* V-1, p. 89, 20 septembre, 1831.

後にこの評価は変化したが、現代のトクヴィル研究から考えると、アメリカ観のバイアスが容易に分かる。*11 アメリカ共和国の最高権力はその歴史が示す通り、逆に徐々に強化されていく。しかし彼が未来社会の「いま」の中で何を思念していたか、それを想像する手がかりにはなる。つまり共和国と権力との関連の問題といえる。

2 「デモクラシー」国民・活動的なアメリカ人と宗教

●アメリカ人と文明の移動

旅行中の体験を通してトクヴィルは、アメリカ国民の自由で活発な活動が平等化をいっそう推進しうると感得した。すなわち彼には合衆国の豊かな自然環境を利用して各人が自分の能力を発揮できる独立独歩の人間と映る。だから、ヨーロッパの諸国民に見られる貧困状態とは縁がない、と思われた。アメリカ人にとって諸州の共和国は、未開の土地が共同開拓され「一つの商売の成功に専心している商事会社」(ii328, 松本訳1

*11 宇野、前掲書、三三一頁以下参照。トクヴィルの結社論のバイアスを指摘している。

下207）のようなものであった。また人々は幸福の機会を手に入れようとして、絶えず自由に移動し、森を切り開き、町を建設する。それは文明の移動に等しい。

●幸福の追求と流動的社会の関係

つまり新聞が情報の伝達手段となり、その結果、知識や教育が広がり、町には教会と学校が建設される。新世界の土地は「最初の占有者に帰属し、支配権が競争の賞品」（ii476, 松本訳1下413）となる。北アメリカとは自然と人間の技術の生み出した便益が人々を飽くなき欲求や富への愛着に駆り立てる舞台であった。だから新しい居場所への移動が促進されることになる。まさに浮き沈みの激しい社会が「デモクラシー社会」といえる。彼らは「独立宣言」（一七七六年七月）が高らかに謳う人生の目的である「幸福の追求」（ii279, 松本訳1下133）に懸命になるのは間違いない、とトクヴィルは確信した。

そして人々にとってこの「幸福の追求」には地方自治が不可欠な条件

人および市民の権利宣言（一七八九年）。アメリカの独立宣言では「われわれは、自明の真理として、すべての人は平等に造られ造物主によって一定の奪いがたい天賦の権利を付与され、そのなかに生命・自由および幸福の追求の含まれることを信ずる」とある。

となる。ニュー・イングランド[*12]の自治組織の分析がそのことを実証している、と彼は納得した。「自治の営み（ラ・ヴィ・コミュナル）」（ii74, 松本訳1上110）はアメリカ社会を根底から支える「地域の権力」の元であった。すなわち、多数の市民の間に権力を分掌させることは、地方自治体に関わる様々な義務を彼らに認識させ、共同体の一員としての「市民」意識の自覚に繋がる[*13]。

●二つの愛国心と郷土愛

この著作は出版された一八三〇年代フランスで評判になり、賞を取ったが、その理由は分からないでもない。自国の政治事情と対比された、アメリカ州権力の役割や市民にとって州の主権がいかに重要かを説明する、たとえば第二部第五章や第六章が重要な思想的な武器となった。そこでは市民の公共心の涵養には「参政権の行使」が不可欠であることが説かれた。その場合、「本能的愛国心」である連綿と続く素朴な郷土愛と接合する祖国愛が論点ではなかった。焦点は、理性の力に支えられた

*12　合衆国東北部の地名。イギリスを追われ、メイフラワー号に乗ってプリマスに入植したピルグリム・ファーザーズをはじめ、多数のピューリタン（清教徒）が渡米した。一九世紀中葉には面工業の中心地となる。この船上での「誓約」は有名。

*13　小川晃一「デモクラシーの原型――トクヴィルを中心にして――」（斎藤眞編『総合研究③民主政と権力』研究社、一九七六年）五〇頁以下参照。

「思慮ある愛国心」(ii270, 松本訳1下121)であり、その形成に役立つことが地方自治に求められた。このことが強調されたのは意味がある。トクヴィルは想像力を駆使してヨーロッパ諸国民の状態を想像する。

すなわち、この想念が上げ潮の「デモクラシー」と連動する。時代状況の変化とは、つまり習俗や習慣が変容し、信仰が揺らぎ、人々が「祖国」の姿を感じない情景のことである。この想像される情景が「ナショナルなもの」と地方自治の重要な役割を結び付ける思考回路となる。彼にとって地方自治や参政権は個人の利益を国の利益に結び付ける役割として働き、同時に人々に市民としての自覚が生じる、と考えた。ここに祖国フランスが強く意識されていたことは間違いないだろう。

ここで、宗教の問題に触れると、当時フランスではカトリック教徒と自由派《リベロー》が激しく対立を繰り返していた[*14]。それどころか、広くヨーロッパでは地上の政治権力がキリスト教と密接に結合していた。それ故、自由を掲げる党派や不信仰な人々はキリスト教徒を政敵と見なし憎しみ合った。こうした社会では、カトリックが再び国教となり、権力の正統性原

トクヴィルとアメリカ旅行をした後のボーモンの肖像。五頁参照。

*14 「玉座と祭壇の同盟」によって徐々にカトリックは勢力を拡大。名望家のカトリックたちは体制に統合されなかった。「教育の自由」をめぐって両派は抗争を繰り返す。

理に王権神授説が広く受け入れられた。[*15] ところが彼は合衆国でまったく逆の事態を体験した。すなわちアメリカでは「宗教の自由」と「自由の精神」とは信頼関係で結合している、という衝撃的な事実である。

●政教分離と「自由の精神」

アメリカでは教会と国家とは分離されていた。アメリカ人は法律の尊重や世論と宗教との分離に配慮を払うが、聖職者たちも公職に就かないことで政教分離の維持に努力を惜しまない。「宗教の平穏な支配の原因」(ii342, 松本訳1下226) がここにあった。つまり宗教が政治権力、一つの政府と一体化すると、「地上のつかの間の権力」(ii344, 松本訳1下230) が滅んだ場合、その運命を共にしなければならないからである。彼にとって人間の魂や生死に関連する問題、言い換えると、人の死を超越する永遠の事柄に関わる宗教は、世俗権力とまったく次元の異なるもの、と捉える。この冷静な認識は「デモクラシー」についての観察と共通だといってよい。とはいえ、現実世界でのカトリックへの執着は「デモクラ

*15 G. Weill, *Histoire du catholicisme liberal en France 1828-1908* (Slatkine Reprints, Genéve, 1979) p. 3 *seq.*

シー社会」の考察では無視できない。[*16]

ちなみにトクヴィルは、人の心に自然と生じる宗教心や信仰心、つまり魂の永遠性の問題までを否定するいわゆる無神論者では決してない。確かに青年の頃、死や懐疑について悩んだことがあったが、宗教そのものは愛していたと考えられる。「人間が宗教的信仰から離れるのは、一種の知性の短絡」だと語り、「宗教」をある特殊な形式の「希望」と捉える点（ii343, 松本訳1下228）にその宗教観の一端が如実に示されていた。だから、宗教を社会的役割の視点から考察する彼の知的作業とは一線を画するもの、と考えるのが妥当であろう。

以上のように、未来の「デモクラシー社会」とは「境遇の平等」の下に個々の市民が躍動する自由な社会であり、自由と宗教の二本柱に支えられている。その社会の特徴をまとめると、(1)各人が富を求めて自由に活動する。(2)「徳」より利益を重視する。(3)言論・出版と政治活動の自由がある。(4)境遇の平等を求める。総じて彼が未来に描いた「いま」は、人民主権の原理と分権型共和国という国制観やフランスと比較された

*16 トクヴィルは人間の悲惨について次の三つを示す「一、病気　二、死　三、懐疑」。メイヤー版全集tomeV-1, Cahier portative No3 14 octobre 1831, p. 183. 一族のカトリック信仰の熱意を考慮すると、トクヴィルにもカトリックへのこだわりがあったことは無視できない。Cf. Jardin, *op. cit.*, p. 499 *seq.* 大津訳、五八三頁以下参照。

「幸福な社会」という複合的な社会認識から構成されていた、といえる。

3　トクヴィルの自己意識と「文明と野蛮」の枠組み

●独自な感覚の持ち主

トクヴィルの思考の流れを見ると、現実の「いま」が抱える問題意識によって未来の「いま」や過去の「いま」が重なり合い、内面の豊かな想像力が働いて縦横無尽に時空を超えて飛翔する。そこには自己意識としての「よそ者」（エトランジェ）意識や不安感や公平感覚など彼の資質に由来する独自な感覚が作用していた。

また「人間の見地」という視角の強調には、「進歩の名において人間を物のように」（ii14. 松本訳1上序文25）見なす近代文明批判や「人間性」（ナチュル・ユマニテ）の尊重の価値意識が結び付いていた。そしてこれらが総合されて彼の思考の動因となる。今日、それは世界に広く見られるヒューマニズムの精神の働きといってよい。これらの要素が複雑に絡

ジョン・ステュアート・ミルの肖像。次頁注＊17参照。

み合って彼の思考構造の枠組みが形作られていた。

ここでいくつかの事例を挙げて説明しよう。若者トクヴィルにギゾーの文明史の影響が見られたことはすでに述べた(一四頁参照)。ところが『アメリカのデモクラシー』には「文明」という言葉が使われていたが、J・S・ミル[*17](一八〇六—七三)のように「文明」が二つの側面から捉えられた概念の明確な規定はない。

●J・S・ミルの文明論と進歩

J・S・ミルの『文明論』(一八三六年)では、文明とは「ある国がよりよく進歩し人間と社会との最高の特徴についてすぐれ、完全性への道においてよりよく進歩しており、より幸福、崇高かつ賢明であると考えるならば、その国はよりよく文明化している」、また「豊かで人口の多い国民を未開人や野蛮人から区別するような種類の進歩だけを意味する」[*18]とある。彼は文明が善なるものの原因と考え、野蛮状態の消滅を文明の進歩と捉えた。もちろん彼の場合、文明と進歩との密接な関連性が

*17 イギリスの哲学者・経済学者。トクヴィルとの交流があった。自由主義派。著作には塩尻・木村訳『自由論』(岩波文庫、一九九七年)や水田訳『代議制統治論』(岩波文庫、一九八三年)がある。

*18 J・S・ミル/山下重一訳『J・S・ミル初期著作集』3(御茶の水書房、一九八〇年)一八二頁。

見られる。『アメリカのデモクラシー』の書評において、ミルはトクヴィルの「デモクラシー」現象とは文明概念と置き換えて捉えることができる、と論評していた[*19]。

一方、歴史的現実の「いま」に生きるトクヴィルには、ミルのような「進歩」の観念に対する明確な価値判断は読み取れない。むしろためらいが見られた。「デモクラシー」という新しい社会現象に強い関心を抱いていたとはいえ、トクヴィルの場合、貴族の出自や彼独自の思考が深く関わっていたことは疑いえない。ちなみに物事に距離を置く、バランス感覚や「人間性」についての内省的な精神の働きが目的に向かう直線的発想の「進歩」史観と異なる方向に共振する多様な思考が指摘できる。

次に近代における思想対比の枠組みの一つとして用いられる、文明と野蛮の思考様式は、トクヴィルの「インディアン」像の解釈にどのような意味転換をもたらすか。彼はアメリカ旅行中「黒人（ニグロ）」や「インディアン[*20]」に遭遇する。『アメリカのデモクラシー』（一八三五年の第二部第一〇章）に沿って敷衍すると、この国には三種の人種がいる。ヨー

*19　J・S・ミル／山下重一訳『アメリカの民主主義』（未來社、一九六二年）七九頁以下。

*20　ヨーロッパ人が入植する以前のアメリカ大陸の先住民。「インディアン」「ニグロ」も今日では使用されなくなったが、ここではトクヴィルの著作中の表現をそのまま使用した。

ロッパ系以外に外見や言葉や習俗に何らの共通性のない黒人やインディアンたち。アフリカ系の人々は白人の抑圧によって本来人間に備わる権利をほとんどすべて一挙に奪われ、「隷従状態」の下に暴力によって隷従の習慣が植え付けられた。合衆国の黒人は「自分の国の記憶」さえ失ったのである。

●アメリカのインディアン像

彼の場合は、一八世紀に流布された「善良な未開人[*21]」伝説ではなく、「事実」そのものに自分の期待をダブらせる。先住民であるインディアンは、イギリス系白人が新世界にくる前に北アメリカの森の中で静かに生活していた。だが白人入植者たちによって原野を追われ悲惨な放浪生活を余儀なくされた。彼らの日常生活はヨーロッパ人の文明の武器による暴虐な行為によって広く破壊され、また家族の分散化や部族の滅亡へと追いやられ、同時にその伝統は当然、自然なまま放置される。彼らの持つ記憶の鎖は切断の淵に立たされた。あらゆる習慣の変容の結果、イ

＊21　新大陸植民地からイエズス会神父が報告した書簡集が基で文明社会への批判として善良な未開人信仰が伝播。共同体ユートピアの原型となる。

ンディアンの欲求は更に膨れ上がり、憎しみも増大し、以前に増して無秩序化しつつ非文明化されていった。ところが隷従（＝奴隷）の状態にある黒人に比べて、インディアンが「自由の極限」（ii370, 松本訳1下269）にいる、とトクヴィルは捉え賛美を惜しまなかった。

●善良な未開人とトクヴィルの眼差し

「未開人は動けるようになれば一人で行動する。家族の権威もほとんど知らず、仲間の意見の前で自分の意思を曲げたことは一度もない。自発的服従を恥ずべき屈従から区別する術を彼に教えた者とてなく、彼は法という名称すら知らない。彼にとって自由であるということは、社会のほとんどすべての絆から逃れることである」（ii370, 松本訳1下269）。したがって「未開状態こそ種族の勲章」（ii371, 松本訳1下270）と評価したが、この引用にはトクヴィルの自由観が反映されてはいないか。[*22]

更に彼の優しさと公平な感覚については、アラバマ州[*23]の広大な森林地帯の中で遭遇したインディアンの女と黒人の女の叙述に見られる。開拓

＊22　彼の「隷従」への拒否反応は、「自由」や「独立」との意識と表裏一体をなす。

＊23　アメリカ合衆国南部の州。連邦加盟は一八一九年で二二番目。綿花栽培地帯。

者の娘である五、六歳の白人少女と付き添いのインディアン女性、その衣装には「一種の蛮族の華麗さ」があった。後からきた黒人女性の態度には女主人の前にうずくまり、彼女が何をして欲しいか気にする様子で「ほとんど母親のような愛情と奴隷のような恐怖心」の両方があった。これに対して、「野蛮人」の女には「優しさの発露の中にさえ、自由で誇り高く、ほとんど野獣のような雰囲気」(ii372, 松本訳1下272)が漂っていたと記す。こうした文明と野蛮の対比の枠組みから彼の弱者・「野蛮人」への慈しみの目が感じられる。未来の「デモクラシー社会」を仔細に叙述するトクヴィルには、公平な感覚や人道主義の立場が通底していた、と思われる。

　だが、この人物描写は単なる野蛮人の賛美とその人間的美質(勇敢さや人間の誇り)の把握に留まるものではない。逆に彼の「自由」への思い入れや現実の「いま」、つまり合衆国への批判も複雑に絡んでいる。白人入植者への厳しい眼は合衆国大統領がクリーク族*24に与えた書簡の引用からうかがいうる。「そこでならあなた方と子孫たちは草が茂り水が流

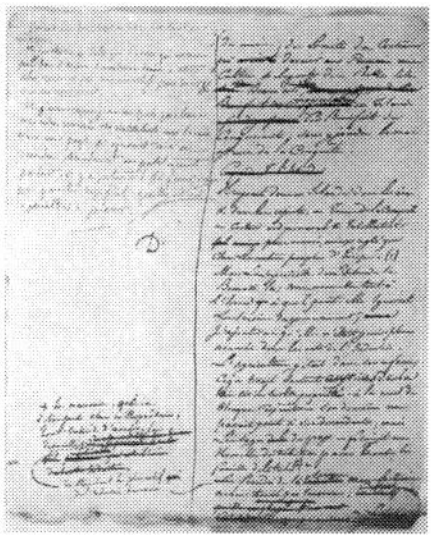

『アメリカン・デモクラシー』の草稿。

*24　一八一三―一四年のクリーク戦争で合衆国と衝突し敗北した。先住狩猟民族。

れる限り、平和で豊かに生きていけるのです。その土地は永遠にあなた方のものです」(『ニューヨーク市 インディアン委員会の議事録』(ii390(**)、松本訳1下462, (25)))。

トクヴィルの念頭にはこの書簡の約束が彼らの居留地で果たして保障されるだろうか、と疑問が浮んだに違いない。インディアンの主張する未開地所有権の買取という慣行は、「人道と便益を暴力に代えて」(ii378(**)、松本訳1下452)採用された新しい土地取得の方法であった。この方法が文明諸国民の間で実際行われるならば、文明人と野蛮人との間の唯一の相違とは「一方は権利の正当性に異を唱え、他は単にこれを侵害することに満足する」((ii393(**)、松本訳1下462, (25))ことを意味するにすぎない。したがって、この叙述には「正義」という価値尺度が根底にある。[*25] こうした事例からトクヴィルの冷静な思考、すなわち「主人の偏見、人種の偏見、そして白人の偏見」(ii396, 松本訳1下300)という三つの偏見に対する批判意識が対比枠組みの思考を通じて未来社会の「いま」の叙述に作用していたといえる。

＊25 トクヴィルの「奴隷制」問題やアルジェリア植民地問題は当時の下院で議論されていた。こうした国家的問題については、すでに別稿で論じた。拙著『トクヴィルとデモクラシー』(御茶の水書房、一九七四年)、または拙稿「トクヴィルとフランスナショナリズム——奴隷制・植民地問題を中心に——」(『立命館法学』第一五〇～一五四号、一九八〇年第二～六号)。

第二章
現実社会の「いま」における自由の運命

1　現実社会の格闘から形成される複雑な自由論

●思考の鍛錬場としての「いま」

当然の事実としてトクヴィルの眼前には一九世紀フランス社会[*1]がある。彼は「いま」をどのように生きているのか。その活動と思考の場とはブルジョワの支配する歴史的現実にほかならない。まず現実の「いま」こそ彼の思想が鍛えられる闘技場となる。合衆国旅行では未来の「デモクラシー」の「いま」が体験された。後には「過去」の世界に、つまり「アンシャン・レジーム(旧体制)」の研究に没頭する「いま」が待っている。三層の「いま」とは彼の思想形成から見ると、渾然一体であり、いわば思想の坩堝の観を呈するといってよい。

*1　カトリック王政からブルジョワ王政へ、また社会共和国から産業帝政へ発展する時期。

●様々な社会認識とデモクラシー社会

もちろん当該社会はそれぞれの論者の立場によって、「ブルジョワ社会」とか「資本制社会」とか「市民社会」、あるいは「商業社会」と様々な認識の下に規定される。トクヴィルの場合、「市民社会」であるが、同時に徐々に進展してくる「デモクラシー」社会でもあった。二つの社会は一つメダルの両面として認識されていた、と考えられる。たとえばそのことは『アメリカのデモクラシー』（一八四〇年）の短い序言で「デモクラシー革命」の創出した「デモクラシー社会（ソシエテ・デモクラティク）」とか「市民社会（ソシエテ・シヴィル）」（ii509，松本訳2上13）と記されていたことから推定できる。

この認識は彼の独自の歴史観に由来することが『アメリカのデモクラシー』序文に示されたキリスト教世界の諸国民に生じた「境遇の平等の漸次的進展」や、「巨大な社会革命がフランスほど急激に進展した」ところはないと叙述したことからも推測できる。だが、ここでは指摘するだけに留めて先に進もう。

さて、トクヴィルの自由論は、その社会認識が前提に構成されていたので、複雑な要素から成り立つことはいうまでもない。「自由の精神」

フランス革命の発端となったバスチーユ牢獄への襲撃。

ほど彼が愛し執着したものはなく、「自由」の運命がどのようになるかは「デモクラシー」の追究と相即不離である。同時に「自由」という言葉に彼が込めたもの、あるいは思念したものは多面的で多様である。特に「一種の堕落した自由」*2（ii46、松本訳1上69）があることも認めていたことに留意しなければならない。

●独立と関わる自由の貴族的概念

まずよく知られている若い頃の論文に二つの自由概念の規定がある。すなわち対比の思考から生み出された理論的な認識といえる。「一七八九年以前と以後におけるフランスの社会・政治状態」（一八三六年）（iii3-40、小山訳17-75）において示された「自由の貴族的概念」と「自由の近代的概念」とである。人間精神に表れた自由の貴族的概念とは、中世社会に生み出されたものにほかならず、「個人が独立を保持する特殊な権利」（iii35、小山訳66）と規定された。付け加えると階層制社会における貴族身分の「特権」と言い換えてよい。

＊2　これはニュー・イングランドの建国者の一人ウィンスロップの演説にある。また同じく「神聖な自由」の表現もある。この演説をトクヴィルは「美しい言葉で自由を定義」することができたという。彼の内心では「自由」の観念は、美的感覚や徳や神聖なものと多面的に捉えられていた。

自由の貴族的概念とは、自由が与えられた者には強烈な「個人の価値意識」としての「独立への好み」(iii35, 小山訳67)が認められるが、同時に不平等社会がその前提にある。トクヴィルの考えでは、貴族的「自由」概念こそ個人の「エゴイズム」に活力を与え独特の力を発揮させるエネルギーの源泉であった。

●トクヴィルの近代的自由概念

では自由の近代的概念とは何か。まず第一に、それは正当な「デモクラシー概念」と言い換えられる。この自由とは、それぞれが自分に必要な知識を自然から与えられた、と仮定する。そして同胞・同類から独立して生きるために与えられた「生まれながらの時効にかからない平等な権利」と把握された(iii36, 小山訳67)。彼の場合、すべての個人が自分に対する絶対権を持つ。この認識が三層の「いま」の構造の中で一貫して作用する。一般に近代の核心はこの「自由」観念についての思想的確信にほかならない。

フランス革命での市街戦の様子。サン＝キュロット、チュイルリー宮に侵入。

第二に制度的次元に見られる自由論。まずアメリカの経験による男子普通選挙権の必要性や参加デモクラシーの意義（それはニュー・イングランドのタウンシップ[*3]の見聞に依拠している）が強調され、政治的自由の重要性が積極的に主張される。次に出版・言論・結社の自由のみならず、中央集権対地方分権の対比枠組みにおいて考えられる自治論、すなわち地方分権または地方自治論がある。更に政教分離としての信教（宗教）の自由が「デモクラシー」と調和することなど。こうした様々な自由の形がアメリカの体験に根差していたことはいうまでもない。

第三に人間的次元から考えられた自由論。この次元での自由論は人間の「魂」や「心」や「喜び」という人間の内面の感情や感覚と深く関わっていた。トクヴィルの自由論を考える場合、最も大切なことは内面の世界との関係で考えられた自由観念であり、その世界から醸し出される雰囲気やイメージの重要性は特に留意しなければならない。自由とは感じるものであり、また「神聖な」という形容詞が付くことからもそのことが分かる。

*3　トクヴィルがデモクラシーの基礎単位と見た行政上の呼称。参加デモクラシーとして民衆が直接権力を行使する典型と捉えた。役職は毎年住民が選出。役職の数は多く細分されていた。独立と権威の源。

●生きる喜びとしての自由

結局、彼の自由論の核心は「自由のもつ魅力そのもの、自由がもたらす利益とは無関係の自由そのものの魅力である。神と法が唯一統治するもとで、何の拘束も受けずに話すことができ、行動し呼吸することの喜びである。自由の中に自由とは別なものを求める者は隷従する存在となる」(iii195, 小山訳350)に尽きる。後年第二帝政下[*4]で「自由」の観念がこのように規定された。人間の生きる喜びの表現という捉え方にトクヴィルの皮膚感覚がよく示されている。また「神と法」とを結合して認識していたことや「隷従」とは対極にあるものと捉えたことは見逃すべきでない。近代以降の思想家の枠にはまらない独特の自由論というべきであろう。

●人間論と倫理観の関係

ところが彼には人間論と倫理観の交錯する視角、すなわち「人間を高く評価するか低く評価するかの問題」(iii50、小山訳90)が自由論に組み込

＊4　ナポレオンの甥ルイ・ナポレオンが一八五二年の国民投票によってフランス皇帝(ナポレオン三世)に即位したことに始まる。権威帝政期(一八五二—六〇年)と自由帝政期(一八六〇—七〇年)に分け、特にその独裁体制は前半に当たる。

まれていた。その自由は「神聖なもの」[*5]であり、善への選択を目指すものにほかならない。「実際、自由は聖なるものである。この名に値するものは美徳をおいてない。また、美徳とは何か。もしそれが善なるものについての自由な選択でなければ一体何か」[*6]。イギリス旅行中の日記(一八三五年七月七日)の一文は倫理に敏感な若きトクヴィルの姿が読み取れよう。「善(ビアン)」を自由の観念に関連付ける思考には悪をなす自由を認めない彼の姿勢が歴然としている。

このようにトクヴィルの自由論をまとめてみると、『アメリカのデモクラシー』(一八四〇年第二巻)の掉尾を飾る一文ほど印象的なものはない。すなわち「神(プロヴィダンス)は、人間一人一人の周りに、脱することのできない決定的な囲いをめぐらされた。だがその広い限界の中では、人は強力で自由である。諸国の人民も同じである」(ii853, 松本訳2下282)。まさに彼の自由論には、いわゆるアウグスティヌス[*7](三五四—四三〇)に始まる自由意志論の系譜、つまり中世ヨーロッパ思想の伝統である善への選択を受け継いでいる。[*8]総じて近代以降、人間は「自由」を獲得し物

＊5　*Tocqueville Œuvres Complètes*, tome V-2, p. 91, 7 juillet Dublin (Editions Gallimard, 1958).

＊6　*Ibid.*, p. 91

＊7　キリスト教教父。正統キリスト教の基礎を築く。異端派や異教徒を反撃する。神学的著作で有名。『告白』や『神国論』がある。

＊8　半澤孝麿『ヨーロッパ思想史における〈政治〉の位相』(岩波書店、二〇〇三年)参照。この大部な著作はヨーロッパで「自由」がどのように捉えられてきたかを検討する場合不可欠なものである。特にキリスト教徒の関わりにおいて，すなわち人間の精神的営みと政治との関わりを考察したものといってよい。

質的な満足を手に入れ活動の主体となった。だが人間には物質的なものだけでは満足できない精神活動の領域がある。トクヴィルが重視したのはこの自由の領域であり、人間の他者への隷従の拒否と対をなす思考と思われる。

●奇妙な自由主義

確かにこの自由論が「デモクラシー社会」に生じてくる市民の自発的隷従の制度的条件（「穏やかな」専制や中央集権制）、また市民社会での「世論」同調志向への批判的言論の源泉となる。したがって、彼の自由論は従来の二分法的発想、「からの自由」と「への自由」や「消極的自由」と「積極的の自由」（I・バーリン）[*9]の区分では理解できない。なるほど現代のトクヴィル研究者が「奇妙な自由主義」[*10]と考えるのは無理はない。彼の自由論は多面的で構成的なものにならざるをえない。こうした自由論には人間の独立や自発性や選択が基軸にあるが、同時に歴史の流れに翻弄される人間の姿をも見つめていたトクヴィルという一人の誠

*9　一九〇九―九七年。現代の政治哲学者。『自由論』で有名。

*10　Cf. R. Boesche, *The Strange Liberalism of Alexis de Tocqueville* (Cornell University Press, 1987), p. 264 *seq.* この著作はコンスタンの自由主義との関連性において考察されているが、トクヴィルがコンスタンに言及した資料はないようだ。思想的には二人に重なる部分がある。

実な人間がいたことを物語る（iii753，喜安訳63-64）。

ところで激しい政争が繰り返されるフランスの歴史的現実、「いま」の政治社会の只中に生きていた政治家トクヴィルの場合、一方で平等な社会の実現を目指すE・カベ（一七八八—一八五六）の「イカリア共同体」やC・フーリエ（一七七二—一八三七）の「ファランステール」などの「初期社会主義」運動があり、他方で共和主義の活動があって彼の抱く「自由」の観念は、「秩序ある自由」に落ち着かざるをえない。このイデオロギー性は当時の激しい政争と深く関連していたことは周知の事実である。つまり現実の政治家としてのトクヴィルが前面に現れたにすぎず、彼の内面では「デモクラシー」についての思索が深まっていく。

シャルル・フーリエ。「空想的社会主義者」を代表する哲学者・倫理学者・社会思想家。主著に『四運動の理論』など。

2　「デモクラシー」的人間の誕生と「個人主義」の関係

●諸国民の未来像

彼には「デモクラシー」社会についての理想像がある。一八四〇年

『アメリカのデモクラシー』（第二巻）の中で、あらゆる市民の政治的参加と各人が平等な参政権を持つ社会が想定されていた。すなわち「人々は誰もまったく平等であるがゆえに完全に自由であり、また、まったく平等であるがゆえに誰もが完全に自由であろう」（ii607, 松本訳2上168）理想社会。これがトクヴィルの想像する「デモクラシー」諸国民の姿にほかならない。

だが逆の現実社会では、「人間の自由に対する好みと平等に対して感じる好み」（ii608, 松本訳2上169）とは実際異なる。この違いを意識する感性と思考は、結局両者の緊張関係の認識へと導く。彼は「デモクラシー」における自由観念と平等原理の関係という近代の難問に突き当たることになった。つまりフランス革命のスローガン「自由と平等」が等式では結ばれない、という近代の政治原理上の「ジレンマ」の存在である。

●平等の魅力と魂の喜び

トクヴィルは「境遇の平等」が支配的事実となったアメリカの体験を

ギロチン刑に処されるルイ一六世。一見残酷な刑のようだが、実は受刑者の苦痛を和らげるために開発されたもの。フランスでは一九八一年まで使用された。

想起し、欧米諸国で人々を駆り立てる主要な情熱が「平等への愛」にほかならない、と見た。「自由のもたらす利益は長い時間を経ないと現れず、これを生ぜしめた原因は簡単に無視されるのが常である。平等の便益はいますぐにも感じられ、源泉から流れ出るのが日々目に見える。政治的自由は、時々、ある一定数の市民に、至高の喜びを与える。平等は各人にささやかな楽しみの数々を毎日もたらす。平等の魅力はどんな瞬間にも感じ取れ、誰もが惹きつけられる。もっとも気高い心もこれに無感動でなく、この上なく卑しい魂はこれを無上の喜びとする」(ii609-610. 松本訳2上171-172)。

彼は「自由」や「平等」という抽象的な言葉に人間の情熱・信念を吹き込んで語っている。だから先の引用に示されたように、平等の情念の魅力が精力的に語られ、普遍的な平等が生み出された明白な影響が示されたといえる。彼の鋭い人間観察についての思索が新しい社会現象の分析の鍵に繋がっていく。次に述べる「個人主義」の概念の提起である。

自由の木を植樹する革命の様子。その木の頂上には自由の象徴であるフリジア帽をつけ、木の周りを取り囲んで民衆がダンスをする。また市民・兵士たちの連帯と祝祭を示す意味がある。立川孝一『フランス革命と祭り』(筑摩書房、一九八八年)参照。

●大きな鎖の環としての貴族社会

彼の場合、「貴族社会」が一般農民から国王まで人々はすべてあたかも巨大な鎖で結ばれていた、とイメージされていた。ところが平等の進展はこの旧い人間関係を壊していく。言い換えると、永続的な「デモクラシー革命」としての「境遇の平等」化が社会の隅々にまで浸透して、人間の感情や意見、また知識や習慣にまでも変化が及ぶ。そこから「デモクラシー」の生み出す新しい人間像がその社会と共に想像され描かれる。

●「デモクラシー的」人間像と習俗の緩和

ではその人間像はどのようなものか。社会の平等化が進むと、「習俗の緩和」が見られた。その事例とは彼が引用したセヴィニェ夫人[*11]（一六二六―九六）の手紙にあった。それによると貴族社会での貴族の感情とはどのようなものであったか、一例が提示される。ブルターニュ地方の下層階級が起こした一揆[*12]（一六七五年）について、この夫人の場合には車

*11 Marie de Robutin-Chntal, marquise de Sévigné. 娘に宮廷生活などに関する多くの手紙を書いた。

*12 ケルト文化の影響のあるフランス西部の大西洋岸に突き出した半島にある地方。「ブルターニュ事件」（一七六四年一一月）で有名。国王の権力が彼個人に無制限な性格のものであることを語り、専制批判を引き起こす。民衆一揆に繋がる。

裂きにされたヴァイオリン弾きや涙を浮かべて町を出て行った妊婦や老人や子供の情景は「なんとまあ面白いこと」（ii678、松本訳2下16）と思われた。トクヴィルは、セヴィニェ夫人が家来や召使を親切かつ寛大に扱っていたと指摘する。だが「身分ある人でない場合には人が苦しむということがどんなことかはっきり分からなかった」のだと書く。だがこの夫人を「利己的で野蛮な人物」（ii679、松本訳2下18–19）と思うのは間違いだ、ともいう。

一方、彼は「境遇の平等」の進んだ社会では国民一般の習俗がこの情景を面白いと見る表現を許さないと考えた。というのは、この社会では同じような考え方や感じ方が誰にもあり、他のすべての人の感覚が「瞬時に」理解できるからである。想像力の働きによって「哀れみの情に何ほどか個人的な感情を紛れ込ませ、仲間の身体が痛めつけられれば、わが身に苦痛を覚える」（ii680、松本訳2下19）。まさにトクヴィルの認識には身体的感情が込められている。社会における平等化の進展が習俗の緩和化（残忍さから優しさへ）をもたらすことは明らかであろう。こうし

バンジャマン・コンスタン。次頁注＊13参照。

た認識は同時代のB・コンスタン[*13]（一七六七―一八三〇）に通じる。[*14]

●デモクラシー社会の人間

さて「デモクラシー」的な人々とはどんな人間か。すなわち、それは私的「利益」を動機に活動する優しい感情と理性を持つ人間にほかならない。すでに述べたように、身分のある人に対する批判なき献身や人間の持つ本能的な美徳が尊重される時代はすでに過去のものである。「デモクラシー」社会の人間は利に敏く「個人の利益」の追求に情熱を傾ける。つまり、自分の物質的な幸福の追求のみに走る人間が想像されている。

一方、習俗が大きく変容する「デモクラシー」の世紀では「誰もが個人として人類に責任を負う義務」を意識する。一人の人間に対する献身が稀な代わりに「人間的感情の絆は広がり、かつ緩む」（ii613、松本訳2上177）。確かにトクヴィルは人間が多様な姿で存在すると認識している。したがって、「利益」を中心に考え行動するという新しい人間の捉え方

＊13　スイス生まれのリベラルな政論家。一八三〇年以前では自由主義者の代表格。多数の著作のうち心理小説『アドルフ』濱田文彦訳〈世界の文学〉3、中央公論社、一九七四年所収）が有名で、『政治原理』（一八一五年）がある。

＊14　堤林剣『コンスタンの思想世界　アンビヴァレンスのなかの自由・政治・完成可能性』（創文社、二〇〇九年）二〇二頁以下参照。

を、アメリカ旅行の体験、いわば皮膚感覚を通して模索していく。つまり近代以降、至上の価値となった「利益」――フランスでは利益は私利より広く解される――が「美徳」に取って代わる時代において、富の追求に汲々として他者、言い換えると不運な人々や弱者と共に生きているのが分からない人間に焦点を当てる。人間としてのあり方の問題が理論化の対象となる。*15

●中産階級の情念と羨望・不安

歴史的な七月王政の現実、「いま」を生きるトクヴィルにとって、鋭い社会批判があった一方、その社会観察が逆に内面の不安を増大させていく。彼の時代考察では、すでに物質的幸福を求める情熱は「中産階級(クラス・モワイエヌ)」に固有のものとする認識があった。彼は当時の人々を「多少とも商工業階級の精神的習慣に染まっている」(ii722-723, 松本訳2下85)と見ていたので、彼らは計算高くさわがしく絶えずつまらないことに気をもむ、と見なしていた。もちろんアメリカで彼が会った

*15 「利益」について、トクヴィルは「正しく理解された自己利益」の説を援用して考えている(*Tocqueville Œuvres* II, II-VIII, p. 635 *seq.* 松本訳『アメリカのデモクラシー』第二巻(上)第八章を参照)。この教説についてのトクヴィルの思考過程はE. Nolla, *De la démocratie en Amérique* II (Librairie Philosophique J. Vrin, 1990) が役立つ。彼はこの教説について軽蔑されていることに疑問を感じていた。*Ibid.*, p. 113. 宇野重規は『デモクラシーを生きる』で、トクヴィルが「利益」概念を「再発見」したと述べている(一三二頁参照)。

「利益」概念には二面性、すなわち自己中心の動機と合理的計算の動機がある。「利益」と

市民も一見すると、彼らは自由で独立的に見えた。ところがその心の中は「富裕な人々の享楽に期待と羨望のまなざし」（ii643，松本訳2上225）を向け、他者に負けまいとする羨望や不安の感情が渦巻いていた、という。だが私たちから見ると、概してこの階級の人々は「デモクラシー」的人間と同類の関係にあると考えてよい。大きな塊としての人間集団である「階級」認識とその溶解――「デモクラシー」過程が彼の思考を解く鍵となるだろう。それが人々がばらばらな群れと把握される、つまり「大衆《マス》」と認識されることになる。

　トクヴィルのこうした社会認識と同様に、産業の発展が「デモクラシー」と密接に関連すると認識していたことは確かである。だがこの「中産階級」（いわゆるブルジョワジー）には別の文脈からの検討が要る。すなわち近代の産業化の問題である。彼によれば、「産業の論理」からすると二種類の人間が形成される。富と力のある雇い主階級、たとえば製造工業者たちは経営によって成果を挙げ富裕となる。一方、「労働の分業の原理」によって、たとえば労働者たちは人生を「ピンの頭の製造[*16]」

いう場合、状況によってこの二面性が一体として働くことは疑いえない。トクヴィルは対比思考によって肯定的に捉えようとした。その際貴族制社会の自己犠牲や献身の事例が強調される傾向にあった。だが、彼自身は本能的に「利益」について消極的感情を抱いていたといってよい。これにはキリスト教の人間はパンのみで生きるにあらずという考えの影響があると思われる。家族の貴族的雰囲気が幼い頃からトクヴィルにしみ込んでいたといってよい。「利益」概念は近代ブルジョワ社会と相即不離であり、「正しく理解された自己利益」の教説を見出した彼が自己の「デモクラシー」論に援用したと考えたい。なお堤林はこの言葉を「ほんとうの利

（ii672, 松本訳2上207）に費やしその結果、知性の視野を狭め雇い主に隷従していく。なるほど作業過程では労働者の腕は上がるが、人間としては堕落する。このように雇用主と労働者の区別が認識されるので、両者の間には「真の結びつき」はないと見た。彼にはこの工場現場が中心となる環境は「過酷な貴族制の一つ」（ii675, 松本訳2上274）と思えたが、それ以上の追究はない。

●工場貴族制とは何か

ところで、トクヴィルの関心は産業の発達（工場や鉄道）よりも土地所有や貴族のあり方や地方分権化にあった。それはイギリス旅行日記（一八三三年）から分かる。[*17] つまり「工場貴族制」の出現は、富の不平等が助長されるため、当然産業化についての検討が要請される。これこそ重要な問題であろう。だが、この問題は彼の「デモクラシー」への強い関心、あるいは執着のせいで、周辺に置かれてその後十分に検討されたとは思われない。

益」と訳している。前掲書、七六頁。コンスタンは近代ブルジョワ社会が「ほんとうの利益」と調和するなど嘘っぱちだと考えていた。逆にトクヴィルはこの教説に期待をかけていたと思われる。だがこの第二部第八章と第九章以外にこの教説について言及していないので、この教説の欺瞞性に気付いたとも考えられる。

＊16 トクヴィルは人間の堕落または頽廃について絶えず考えていた。「ピンの頭」の例がアダム・スミスの『国富論』冒頭に出てくることはよく知られている。

＊17 Cf. *Tocqueville Œuvres Complètes,* V-ii, 15 août 1833. S. Drescher, Dilemmas of Democracy (Library of Congress,

●新しい個人主義の概念

前述したような現実の中で、人間観察を続けたトクヴィルは「個人主義」の問題に直面する。すでにこの言葉はサン＝シモン派が用いていたとはいえ、トクヴィルの場合「デモクラシー」と密接に関わる概念である。*18『アメリカのデモクラシー』（一八四〇年、第二部第二章）において、それは利己主義と対比される最近の新しい思想から生まれた言葉として規定された。すなわち「個人主義は思慮ある静かな感情であるが、市民を同胞全体から孤立させ、家族と友人と共に閉じこもる気にさせる。その結果、自分だけの小さな社会をつくって、ともすれば大きな社会のことを忘れてしまう」。また「個人主義」の源泉は「心の悪徳に劣らず知性の欠陥」にある。初めは「公共の徳の源泉」を涸らすだけであったが、時間が経つにつれて他の「すべての徳を破壊」（ii612, 松本訳2上175-176）し、利己主義に帰着する。しかも彼は「デモクラシー」に起源を持つ「個人主義」が「境遇の平等」の進むにつれて広がる、と主張したのである。ちなみに現代の人口論研究で著名な社会学者、E・トッド（一九

1968), p. 51 *seq.* 桜井陽二訳『デモクラシーのディレンマ』（荒地出版社、一九七〇年）五四頁参照。

*18 Jean-Claude Lamberti, *La Notion d'individualisme chey Tocqueville* (Presses Universitaires de France, 1970) がこの概念を分析した先行的著作である。

五一一）によると、トクヴィルの個人主義についての認識を全フランスに拡大することは無理があり、パリ盆地や北フランスの地域に限定されるのではないかと疑問を提出している。トクヴィルはパリ生まれでその考えは一定地域に制約されていた。個人主義が拡大するのはもっと後の時代だ。つまりフランスは広く地域差があるので、この観念は彼の観念的なものと考えた方がよいという。[*19]

「個人主義」の概念は現代にも通じる一つの生活態度といえるが、その特徴とは社会における公共の問題、すなわち社会一般の人々に関わる事柄よりも、個人に関わる価値や志向が優先され、また自分中心に利害の功罪が計算される。このことが問題だと彼が考えたことにある。確かに個人の尊重や自律性やその意志の重みがこの概念に含まれている。この言葉を個人の生活態度と捉えるか、また個人と国家との関係で個人を最優先する信念と考えるかでは大きく異なる。ところが、彼の関心事は似たような諸個人の社会における孤立化と公共心の欠如にある。人々は社会的動物として公的な事柄への関心や共存する他者との関わりを大切

*19　E・トッド／荻野文隆訳『世界の多様性――家族構造と近代性――』（藤原書店、二〇〇八年）一九二頁。

にしなければならない。このことはトクヴィルが否定しがたいこととして抱き続けてきた信念であった。

●憂慮される個人主義における利害や公共問題

彼にとって憂慮される「個人主義」とは、当時のブルジョワ社会の反映、つまり諸個人の利害の追求が行動の基準として、政治問題だけでなく善悪や道徳問題と切り離された傾向への反発が意味されていた、と考えられる。

だが、この生活態度についていえば、経済利害に敏感であっても選挙権すら有産階級の一部にしかなかった制限選挙王政のフランス社会を想定すると、彼が人々の公共心の形成を問題にしたことは議論としては正しいが、環境が整っていないと思われる。つまりフランスでは「個人主義」は新たな時代傾向としての兆候にすぎない。トクヴィルの場合、アメリカの現実的デモクラシー社会とフランス社会の「いま」とが二重に捉えられており、いわば複眼的思考の産物としての観が否めない。つま

ロベス・ピエール。六頁参照。彼は人々から「廉潔の士」と思われた。サン＝キュロットから支持された。

り彼の特徴である観念先行の思考様式と想像力の合成といえるだろう。

まとめると、過去の「貴族制社会」では諸家族が何世紀も同じ土地に住み、彼らは「祖先や子孫に対する義務」を自分に課し、網の目のような「上下関係の中で変わらぬ地位」(ii613, 松本訳2上176)にあった。つまり人々の社会的な絆が恩顧庇護の関係において日常的に実感された社会である。彼の視線は過去の人々の絆、すなわち多岐にわたる人間関係に向けられている、といってよい。

●「デモクラシー」人間の特徴

一方、彼によると「デモクラシー」の世紀とは「各階級が互いに近づき混じり合いだすと、成員同士は無関心で疎遠になる」(ii613, 松本訳2上177)。この世紀の国民は、自活するだけの知識と財産があるが、誰かを当てにすることもなく、「自分はいつも一人だと考えるのに慣れ自分の運命はまるごと手の中にあると思い込む」(ii614, 松本訳2上178)。この同時代の人々、つまり「デモクラシー」的人間とは、ばらばらに引き離さ

国民議会の様子。一七九一年九月一四日の会議。中央天井から伝統的な儀式で使われる旗がつるされている。その紋様は異なるが。

れ孤独な心を持ち、他者に対して無関心な人間にほかならない。この対比思考から生み出された人間類型がトクヴィルを終生苦しめることになる。

3　「革命の精神」についてのアンヴィバレンス[*20]

●安定した秩序の希求と〈自由〉

彼の生きた時代は、安定していた統治体制（いわゆるブルボン王朝の支配）が崩壊し、めまぐるしく政体交代するポスト大革命の世紀であった。トクヴィルが用いた「革命の精神」とはこの変動する政体の動きが彼の理念である〈自由〉を込めて概念化されたものと思われる。伝統墨守のルイ・ド・ボナルド（一七五四―一八四〇）やジョセフ・マリー・コント・ド・メーストル（一七五三―一八二一）の教権至上主義的保守主義者[*21]に見られたように、「革命」一般に敵対しすべてが否定されたわけではない。つまり「革命」について彼の認識には二面性がある。

＊20　二面的な評価を含む曖昧な考え。
＊21　ウルトラ・モンテーヌ「山をこえて」に由来する教皇権の「絶対性」を主張する伝統的保守主義者に与えられた呼称。メーストルの著作として『フランス革命に関する考察』（一七九六年）。ボナルドは貴族出の政治家。フランス革命で亡命後、『文明社会における政治的宗教的権力論』三巻（一七九六年）を執筆。過激王党派議員として復古王政期に活躍した。K・アーレンティン／沢田昭夫訳『カトリシズム――教皇と近代世界』（平凡社、一九七三年）参照。

●フランス革命初期の評価

まず、一七八九年のフランス革命の初期段階についてはきわめて肯定的で積極的な評価があった。彼によれば、一八世紀に宗教的な寛容や思いやりや慈善などが広く唱導され、また穏和な習俗が社会に浸透していた。一方、平等観念を信じ自由に生きたいとする感情も人々に見られた。だから一七八九年はかつて経験しなかったような「寛大さ、熱狂、男らしさ、高貴さ」(iii229, 小山訳406)の時代であった。同時代の目撃者やわれわれがいなくなった後も、「おそらく経験したことのない時代」(iii229)として賞賛と尊敬をもって繰り返し回顧されるだろう、と述べた。まさに一九世紀の自由主義派と同様に大革命が称えられたのである。アメリカ革命についても『アメリカのデモクラシー』で、自由な体制の構築(分権型共和国による連邦制)という観点から評価していたことはすでに述べた。

ところが、フランス革命が社会の基盤まで破壊しようとするいわゆる「ジャコバン独裁[*22]」の出現となると、彼はこの政治革命を認めない。「改

＊22　正しくはモンターニュ派。ジロンド派との対立と民衆蜂起前後から権力をにぎる。公安委員会中心に恐怖政治(一七九三年六月～九四年七月)を行う。

革」は認めてもフランスの習俗に及ぶ旧社会の大変革＝「革命」は必要としないという。トクヴィルに限らず二面的革命観は同時代の知識人の大半に共有されていたといえる。[*23] フランス革命期の制度改廃が社会に様々な暴力や流血の伴う混乱状態を引き起こしたことは明白である。彼にはこの歴史的な現象の記憶があった。というのも王党派貴族の父親エルヴェ＝ボナヴァンチュールと母親ルイーズ・ル・ペルティエ・ロザンボは投獄され、二二歳の父はすでに白髪になった、という。[*24]

もちろん俯瞰的な観点から、フランスの歴史を不可避で漸進的な「デモクラシー革命」と捉えた前提にあったとはいえ、「革命の精神」と革命の「暴力」や「恐怖政治（テルール）」とははっきりと識別されていた。彼にとって「さまざまな革命」は「民衆の激情」（iii752-753，喜安訳63）によって引き起こされる、と考えられた。この認識は時の政治対立が激しくなると、彼の確信となっていく。[*25]

＊23　Cf. Furet, *La gauche et revolution au milieudu XIXe siècle* (Hachett, 1986), p. 258 seq.

＊24　母方には旧体制下の著名な政治家マルゼルブ長官がおり、ルイ一六世の弁護人で、百科全書派を擁護した。家族と共に処刑された。Mayer, *op. cit.*, p. 1-2.

＊25　トクヴィルのフランス革命観を現代的な視点から考察した論考は多い。「民主化と革命」の緊張関係を分析したスティーヴン・ホームズ「民主化と惨事の時代にトクヴィルをどう読むか」（松本礼二・三浦信孝・宇野重規編『トクヴィルとデモクラシーの現在』東京大学出版会、二〇〇九年、所収）二八三頁以下参照。

●王朝左派としての政治経験

前述の考え方は、彼がオルレアン王朝左派の下院議員として活躍した七月王政期[*26]の政治経験に裏付けられていた。それが没後出版された『回想』(一八五〇—五一年に執筆、一八九三年に出版)に明らかに記述されている。すなわち、この時代は「中産階級」が一八年間にわたって支配し、ひそかに自分たちの「貪欲な願望」を持続した。政府の犯した誤りとは「その支持基盤である一つの階級の排他的利益と利己的な情熱」(iii758, 喜安訳74)しか求めなかったことにあった。ところが、社会に浸透している経済と政治に関する諸理論の眼目は、人々の貧しさが「神の摂理」でないこと、また法律の改廃によって社会的貧困の基盤を変えうると主張し、それが社会に広がったことにあった。その上、現実の社会的な格差の故に下層の人々に妬みや羨望に由来する「デモクラシー的な不満」(iii777, 喜安訳110)が広がっていた。

産業革命[*27]の進展や整備される中央集権制がこの不満や理論の拡大に相乗効果をもたらす。こうした状況認識によってトクヴィルは新たな「革

*26 一八三〇—四八年のルイ・フィリップ王政を指す。フランス国民の王とも呼ばれた。ブルジョワ支配の時期。一八三〇年七月革命で成立。名望家支配の時代といわれる。議員に立候補するためには、年五〇〇フランの直接税の負担が要る。

*27 フランス産業革命が急速に進展し、鉄道が敷設され、金融・銀行業が勢力を持つ。ジョルジュ・デュプー/井上幸治監訳『フランス社会史——一七八九—一九六〇——』(東洋経済新報社、一九六八年)。「貴族階級の没落」は一八三〇年革命以降歴然としていたとデュプーは指摘した(同書、九八頁)。

命」の予測に至る。すなわち議会演説で「われわれはいまや活火山の上にいるのに眠り込んでいる」(iii736, 喜安訳32）と警告（一八四八年一月二七日）を発した。この警告は二月革命のほぼ一カ月前である。にもかかわらず、下院ではそれは無視された。

●二月革命と革命精神の関係

ここで更に「革命の精神」という言葉の曖昧さに注目すると、トクヴィルの「いま」の精神状態、つまり内面の苦悩や貴族的心情や孤立感の入り混じった複雑な感情の起伏が明らかになる。たとえば『回想』録の叙述を見ると、一八四八年の二月革命は、この革命が一般的原因と偶発的原因とから分析され、人々の情念や諸党派の行動や世論の動向も考察されていた。執筆時の叙述には彼の諸革命に対する冷静な観察や分析が見られた。と共に、同時代の政治家や多彩な革命家たちの生き生きとした人物描写があった。たとえば当時のよく知られた革命家、A・ブランキ（一八〇五－八一）は「やせこけた頬をし口唇は白く、病人のような様

将軍時代のナポレオン・ボナパルト。イタリア遠征軍の指揮官。ボナパルトの連戦・連勝。

子でみすぼらしく、また汚らわしく、顔色は汚れて蒼白く、身体はかびているような感じ」(iii208、喜安訳208)と活写されていた。

ではこの「革命精神」は、彼が実際に体験した「二月革命」の認識とどのように関連するか。すでに述べたようにトクヴィルは二月革命の切迫を警告していたが、それは以前から勃発していたパリ民衆の蜂起、つまり民衆運動に危機意識を持っていたからにほかならない。しかもそれが想像していた以上に強力であり、二月革命では「社会革命[*28]」、すなわち「社会主義」の主張として出現してくる。フランス革命後の急進主義派、特に「ジャコバン主義」という伝統を受け継いだ革命派や都市民衆は、七月革命後の歴史過程に不満を持っていたからである。

彼が「デモクラシー」の進展と捉えた社会現象――いうまでもなく産業革命の伸展による貧富の拡大をもたらす「社会問題」――が顕在化してくる。「社会主義」を標榜する革命的な運動家は、「所有権の廃止」を唱えることでその問題への解決方法を示す。トクヴィルが強い危機意識を抱いたのはこうした運動の中に現れた一つの思想・理論である。すな

*28 柴田三千雄『近代世界と民衆運動』(岩波書店、一九八三年)第三章「民衆の世界」、第四章「国家と民衆」を参照(一九五頁以下)。ルイス・ネイミア/都築・飯倉訳『一八四八年革命』(平凡社、一九九八年)は自由主義がナショナリズムに変容していく過程をヨーロッパ全土の観点から叙述したもの。特に第八章参照。また、阪上孝『フランス社会主義』(新評論、一九八一年)Ⅱ、Ⅲ章参照。また、アンドレ・ドクフレ/野沢協訳『革命と反革命』(白水社、文庫クセジュ、一九六九年)第一章参照。

わち「二月革命の哲学」と彼が呼んだ「社会主義の理論」(iii787, 喜安訳130)の影響を恐れたからであった、といえる。

●政治における文学精神とは何か

だが「二月革命の哲学」と捉えられたものには、彼が「政治における文学精神」と呼んだ一種の精神的営みへの批判が重なる。すなわちその精神は、「真実なものを求めるより新奇をこらすものに注目し、役に立つものより、興味深い描写をおこなうものを愛好し、劇全体のあり方とは独立して、俳優のよい演技や、すぐれた台詞に対して敏感な態度をとり、最後に、理屈(レイゾン)よりも印象によって判断する」(iii780, 喜安訳116)と考えた。この文学と政治との関わりの認識から分かることは、「政治」とは〈真実〉を追究し、その営みの根底には人間の理性がなければならない、とする立場の表明といえる。

また当時「絶対的諸体系」とみなした歴史理論に対する彼の嫌悪感を見過ごしてはならない。「これらの体系は偉大であると自称しているが、

フランソワ・ピエール・ギヨーム・ギゾー。一四頁注*14、八四頁等参照。

私はその偉大さのなかに偏狭さを見てしまう。またそれらは数学的真理をもつかの如くよそおうが、私はそこに虚偽を見てしまう」(iii776、喜安訳109)。彼が歴史の体系的な理論に嫌悪を持っていたことは明らかだ。だが、そのことと実際に歴史を冷静に考察する力量があったこととは別である。これは区別しなければならない。この引用は統計的数字を真理と理解しがちな私たちの今日的な傾向への警鐘といえないか。

さて彼が「二月革命の哲学」(=「社会主義の理論」)に見たものは、「妬みの心」に火をつけ階級間の戦いを煽り立てる「真の激情」(iii787、喜安訳130)であった。ここでは「革命の精神」は無秩序や激情を引き起こす以外の何ものでもない。だからこそすでに述べた「秩序ある自由」が提起されたといえる。「革命」と「自由」は相容れないと考えていたのであろうか。それは既成秩序をどのように捉えるかにあると思われる。彼がアメリカから学んだ教訓は社会における秩序構成のあり方であったと考えられる。

二月革命でのバリケード。街路の組石などをはがし、敵の侵入・攻撃を防ぐために、馬車や荷車を倒して急造した。阻止壁の役割を持つ。

●トクヴィルのテーゼ

一方、「革命の精神」の意味内容には、「習俗」はデモクラシーが進展すると緩和するというテーゼが大きく作用している。すでに『アメリカのデモクラシー』（第二巻第三部第二一章）では大きな革命が稀になると予想していた。「社会状態は人々に変革へのより大きな自由を与えるが、変革への関心は低下させる。デモクラシーの人々は生来革命を望まないだけでなく、これを恐れる」（ii770, 松本訳2下158）。というのは、この社会に住む人々の大半は財産所有者である、と捉えたからである。すなわち習俗の緩和や「革命」は人々の財産の多寡と相関関係にあると捉えた。この独自な認識が「革命の精神」という観念の意味に作用したことはいうまでもない。

●パリ民衆への偏見

ところで彼は「パリ民衆[*29]」について厳しい見方を隠さない。民衆は「自由に生きることもできず自由に生きるに値しない」。彼らは「親の世

＊29　パリ民衆が独自の「民衆の世界」を持っていたことは、柴田、前掲書、一九五頁以下に詳しい。またG・ルフェーヴル／二宮宏之訳『革命的群衆』（創文社、一九八二年）参照。

代がそうであったように付和雷同し、危険を前にして向こう見ずである。民衆の中身は何も変わらなかった」(iii-781, 喜安訳118)と記す。二月革命の動乱の最中から得た「パリ民衆」に対する偏見は、彼の所領地であるノルマンディ[*30]農民への同情的な感情とまったく対照的である。彼には同時代の有識層に共有する感情や貴族的心情に由来する侮蔑感が混在していたのである。「革命の精神」とはこうした感情の入り混じった観念の表明だと思われる。総じて人の物の見方にはバイアスは付き物である。このことは肝に銘じておかなければならない。

4 「社会問題[*31]」・貧困への認識と捨て子対策

さて、トクヴィルはフランスにも平等化が進むと認識した反面、「ブルジョワ階級」の支配が生み出す社会の「貧困」について、自らのテーゼに反するとは考えなかったのか。彼の「社会問題」について考察すると、このテーゼに関連するだけでなく、どんな意識をもって社会問題に

*30 フランス北西部の旧州名。この州はフランスで最初にノルマンへの侵入を受けた。ノルマン人の気質は土地・不動産への執着・農民的傾向の個人主義が強い。

*31 農村からの人口流入で都市人口は急増。パリは一〇〇万人超の大都市となる。七月王政期に貧困・スラム化などで都市問題が生じ、労働者らは「危険な階級」と見なされた。一八三三年フーリエ主義者ルシュヴァリエがこの言葉を使う。Cf. Louis Chevalier, *Classes laborieuses et classes dangereuses, à Paris pendant la première moitie du XIXe siècle* (Plon, 1958). 保護主義、カトリシズム、統計学、政治経済学など様々な立場から雑誌や著書

臨んでいたかが明らかになる。トクヴィルの「社会問題」の解明の手がかりになるシェルブール・アカディミー[*32]（王立協会）の二論文「貧困状態（ポペリスム）についての覚書」[*33]（一八三五年と一八三八年頃）や県議会の「捨て子」対策を取り上げてみよう。

『アメリカのデモクラシー』第一巻では、文明が進めば進むほど人間の欲望が増大し、「中産階級」も利殖を増やし社会の貧困状態が減少していくと述べ、総じて外国からの移住者にも生まれながらのアメリカ人にも「貧困（ミゼル）は縁がない」（ii324, 松本訳1下200）と言い切っていた。フランスでは現実に「ブルジョワ階級」が興隆し、一方社会に貧困問題が生じてきて、すでに富裕な有産者と貧困な者との対立――一八三〇年代のリヨンやパリの民衆蜂起――が顕著になっていた。それ故、名士層の間では、伝統的な慈善事業（個人への施しや公的慈善）への取り組みの機運が高まっていた。

で用いられた（田中拓道『貧困と共和国』人文書院、二〇〇六年、七九頁以下）参照。

＊32 王立の文学者・科学者・芸術家の協会。シェルブールは英仏海峡に近いノルマンディ地方にある小都市。

＊33 Mémoire sur le paupérisme, *Tocqueville Œuvres* I (Gallimard, 1991), pp. 1156-1197. 他に小冊子の Alexis Tocqueville, Sur le paupérisme, editions Allia, 1999がある。当時活動していた政治家、ヴィルヌーヴ＝バルジュモンは大貴族の家に生まれ、リール地方の知事を歴任。トクヴィルも彼の統計資料を用いていた。

●個人的施しと公的扶助

この環境の下でトクヴィルは『貧困状態についての覚書』でこう述べた。「個人的な施しによって、富裕者と貧しい者の間に貴重な絆が生まれる。富裕者の関心とは、貧困の緩和を試みて不幸な者の運命に善行を施すことにある。貧しい者には、要求する権利もおそらく獲得する望みもないような様々な救済によって生活が維持され、また富裕者に認められることによって寵愛を感じる。それぞれが分離させられ、また財産によって分裂させられていた多くの利害や感情は協力し、二つの階級の間に道徳的な絆が打ち立てられ、彼らの意志がお互いを接近させる。このようなことは法的な慈善の場合にはない」(i1171)。彼によると、「法的な慈善」は生活の保障があっても恩恵への感謝の気持ちも幸福な暮らしももたらさないどころか、社会の中には富裕者の憎しみや恐れのあふれた眼差しがある。一方貧しい者には絶望と妬みを伴う邪悪な気持ちが生じるだけである」(i1172)。つまり彼の場合、立法による公的扶助は納税者への財政負担の増大を招き、また貧しい者には欲求の肥大化へと向か

＊34　彼には政治経済学の基礎知識がないことを嘆いていた(N・W・シニアー宛ての書簡一八三七年一月一一日、Correspondence and Conversations of Alexis de Tocqueville with Nasseau William Senior 1834-1859 (London 1872, Edited by M. C. M. Simpson), p. 17)。

わせ、彼らの自立の否定や怠惰を招くと考えられたのである。[*34]

●イギリスの「救貧法」と道徳

二度のイギリス旅行（一八三三年と三五年）で、イギリス救貧法の改正を見聞したトクヴィルはイギリスの経済学者N・W・シニアー[*35]（一七九〇―一八六四）からその法案の情報――イギリス救貧法（一八三四年）――を得ていたとはいえ、貧民の救済を受ける権利には反対の立場にあったと思われる。[*36]というのは、行政による公的援助が貧しい者の勤労意欲を弱め、道徳的堕落の要因になると考えられていたからである。もちろん、トクヴィルには私的慈善だけに頼れないとの認識があったと思われるが、当時のフランスの政情不安[*37]も考慮しなければならない。その後、彼には立法措置を促進する『慈善事業年報』の創設に参加する契機が生まれてくる（i1199）。[*38]

では人々の貧困状態を救う政策とはどのようなものか。「貧困状態についての覚書」第二論文において、彼は農民の貧困状態とその予防には

＊35　救貧法案成立に努力したイギリスの経済学者。イギリス救貧法の歴史は古く一六世紀にさかのぼる。地方の救貧単位を教区におき、貧民監督官が中心となる。各教区では救貧税を課す。こうした制度改正が行われた。

＊36　S. Dresher, *op. cit.*, p. 108. 桜井、前掲訳書、九五頁。Cf. *Tocqueville and England* (Harvard University Press, 1964), p. 57 *seq.*, pp. 76–77.

＊37　リヨンで絹織物工の蜂起やパリ共和派の蜂起。一八三五年七月と九月に国王襲撃事件。

＊38　Cf. J.-B. Duroselle, *Les Débuts du catholicisme social en France, 1822–1870* (Presses Universitaires de France, 1957), p. 222.

土地財産の分割があれば、生活は維持されるという。ところがアメリカと異なりフランス産業分野では、少数の富裕層と無産の労働大衆とが存在する。労働する者は、財産や将来を保障する手段や楽しみとも無縁である。「商業恐慌」の不安がトクヴィルにもあったが、この恐慌はなくすことができない、と考えていた（ii1184-1186）。彼の場合、農民の窮乏化には楽観的な捉え方が見られた。だが、産業労働者には貧困対策が必要であると認識していた。*39

●貯蓄銀行の役割

この貧困対策については、次のように構想が示された。まず都会にある「公営質屋」にアイデアが求められ、「貯蓄銀行」の設置が計画される。第二論文によると、労働者に貯蓄を奨励し、その資金を元手にさらなる所得の増収を図らんとする。「貯蓄銀行」とは「社会が今日、同一人の手中にある動産所有の集中に対する悪影響と闘う目的で、また農業階級の大多数が持っている土地財産に関わる様々な習慣や気風を産業階

*39 貧困対策について稲井誠「トクヴィルの救貧論」（大阪市立大学経済学会『經濟學雜誌』二〇〇一年六月号）の論文がある。一四九頁以下参照。

級に与えるために、使うことのできる唯一の手段」(ii188)である。つまり貧困救済策とは「貧民たちに貯金を増やし、それを資本に作り変えようとする様々な手段を探し求める」(ii188)計画の立案にすぎないのである。これはきわめて楽観的な対策といえる。トクヴィルの場合、奴隷制廃止のような対外的な大問題では理路整然とした法案提起がされたが、具体的な社会問題では、その対策案が十分なものというにはほど遠い。

●救貧法と秩序問題

トクヴィルの場合、イギリス救貧法が反面教師の性格を帯びたが、彼のまとめた「貧困についての覚書」は、同時代の名士層の社会問題に関する意識が反映されたものにほかならない。一般的にいうと、多くの名士層の家柄ではその子弟の意見は、父親の政治的立場の影響を受けていたといわれる。[*40] 彼もそうした名士層の意見に同調したと考えてよいだろう。彼の貧困問題への認識は、結局政情不安と関わって社会の秩序維持の方向へと向かう。

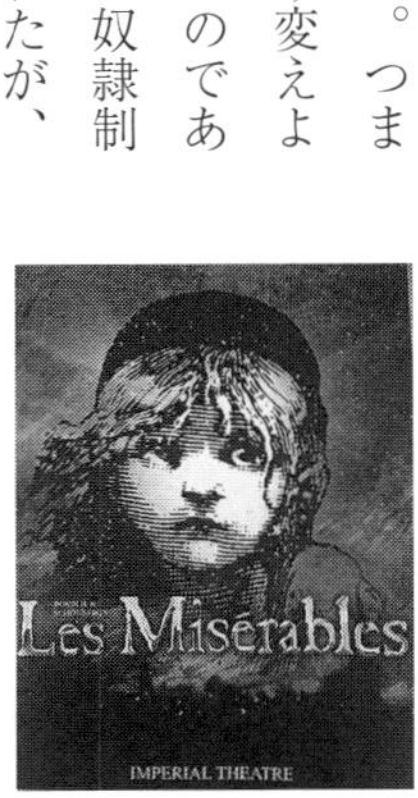

一九世紀前半当時のフランスを取り巻く社会情勢に翻弄される主人公ジャン・ヴァルジャンの人生を描いたヴィクトル・ユゴー『レ・ミゼラブル』のミュージカルのポスター。

*40 A.-J. Tudesq, *Les Grands Notables en France (184-1849)*, tome 2 (Presses Universitaires de France, 1964), p. 703 *seq.*

●「捨て子」の解釈

さて、彼の郷里マンシュ県会では「捨て子」にかかる費用が徐々に増大して、その対策について検討が始まる。県会議員でもあるトクヴィルは、対策問題の報告者として議論をまとめた。その際、下院での諸報告と同様の手法によって、問題に関わる統計資料や他国や他県の分析が参考にされた。結論として孤児と「捨て子」との同一視が「捨て子」増加の原因であると判断された。[*41] とはいえ貧困状態が「社会問題」となる中で、「捨て子」の解釈には厄介な問題が付きまとう。まず「捨て子」と孤児の区別問題や養育院や視察官の設置について。また「捨て子」を受け取る回転受付台の設置の可否について。更に受け入れ側の問題などが検討の必要な問題として浮上する。当時、人道主義的な運動が背景にあって農村社会の名士層がこの問題に頭を悩ませていたことは確かである。

*41 *Tocqueville Œuvres Complètes*, tomeX (Editions Gallinard, 1995), p. 600.

●捨て子と未婚の母親

なるほど「捨て子」は、未婚の母親に関わる点で大問題であった。当時の農村社会では、この問題は一般に道徳問題と見なされていた。ところが「無産者」の「捨て子」は家族にも社会にも何ら関わりを持たず、また責任もない者と考えられた。したがってどのようにして彼らを社会の役立つ成員にしていくか、この問題が議論の焦点となった[*42]。ところが「捨て子」の受け入れ施設である養育院とその母親の間に、一種の秘密の仲介業者が存在したことのみならず、嬰児殺しや嬰児遺棄などの厄介な問題が多々あった。かなり詳細な検討が諸問題について行われた。

すでに述べたようにトクヴィルには社会道徳[*43]や公的秩序への危機意識があった。したがってこの報告のまとめに当たって、彼は未婚の母親についてその道徳観から「公的な慈善」の対象にすることには批判的であった。だから、そうした女子は救済対象者としなかったようだ。結局、議論のすえ「捨て子」を受け入れる「回転受付台」の廃止が決められ、県当局には更なる改善が要望されたに留まる。トクヴィルの見解にはマンシュ県名士層の一員としての共通意見以上のものは見出しにくい、と思われる[*44]。彼の脳裏にはすでに述べた一般民衆の「革命」への情熱を感

*42 *Ibid.*, p. 601.

*43 「道徳《ラ・モラル》」と「精神《ル・モラル》」の二様に「モラル」は用いられ、明らかに「道徳」は女性を想定している。

*44 Cf. Tudesq, *op. cit.*, p. 703 *seq.*

じ取っていたのかもしれない。この情熱が「革命精神」解釈の曖昧さに影響を及ぼしていても不思議ではない。

後に『回想』で記されたようにフランスは「無政府状態」、つまり民衆の間でよく知られた「周期的に起こる不治の病」（iii780，喜安訳115）にかかっているのではないかと強い危惧を抱いていた。それ故、彼の政治的な情熱は、「中庸を得た自由の理念、逸脱することなく信仰と良俗と法」によって支えられた「自由の理念」（iii779，喜安訳114）の実現に向けて駆り立てられていく。「革命的衝動（アンスタン・レヴォリュスィオネル）」（ii847，松本訳2下273）に対応するものはこれ以外にない、と確信していたからである。トクヴィルはこの衝動に走らずにはいられない「民衆」の物心両面にわたる苦悩にどこまで迫りえたのであろうか。

第三章

フランスの「過去」・「旧体制」への知的探求

Tocqueville

1 「デモクラシー社会」の権力イメージ

●新しい政治権力への関心

トクヴィルは個人の自由への圧迫についてきわめて敏感であり、それ故、「デモクラシー社会」に樹立される制度的な権力に強い関心を持っていた。[*1] この社会とは、いうまでもなく人々（市民）が公的な事柄に自発的に参画する社会である。だから社会における権力の多様さについてのイメージが生まれる。時代の経過と共に思索が深められた第二巻『アメリカのデモクラシー』の圧巻は、新たな「デモクラシー権力」の性格が予測される部分にある。もちろんこの権力のイメージについては、アメリカの体験が前提にある。彼は「総じてアメリカほど、精神の独立と真の討論の自由がない国を私は知らない」（ii292, 松本訳1下153）と記して読者をびっくりさせる。これはどういう意味であろうか。[*2] 「自由な共和国」としてのアメリカ体験が彼にとってすべての土台であったからであ

＊1　Cf. Shelden S. Wolin, *Tocqueville between Two Worlds* (Princeton University Press, 2000), p. 13 *seq*.

＊2　彼の視点はアメリカでは精神が「すべて同じ鋳型」（ii296, 松本訳1下159）によって作られている、とする。

る。こうした体験と深い思索から汲み取られたものとは何であったか。

●多数の暴政とは何か

すでに多くの論考があるよく知られた概念、「多数の暴政（ティラニ・ド・ラ・マジョリテ）」を取り上げ、行論との関わりにおいてのみ検討しよう。[*3]

トクヴィルのアメリカ旅行中の見聞では、反キリスト教的な書物への出版禁止やボルティモアの多数住民が暴力的行為（留置場の襲撃と記者の殺害）を起こした事件や、解放奴隷の公民権について、白人多数が彼らへの偏見の故にその権利を行使できないことなどが、この概念形成の背景として挙げられる（ii290, 松本訳1下439-440）。

だが「多数の暴政」で考えられた内容はきわめて多様である。たとえば直接的な暴力以外に「世論」という目に見えない圧力、あるいは「数」の力の脅威がある。現代のトクヴィル研究者T・シュライファによると、「多数の専制」と密接な関連がある「デモクラシーのもとでの

＊3 James T. Schleifer, *The Making of Tocqueville's Democracy in America*, second edition, p. 246 *seq.*

専制」には、立法の制定による絶対的な力や唯一人の圧政、また行政的専制や「民主的専制」がある。[*4]

言い換えると、トクヴィルがどのようなものを「暴政」や「専制」と考えていたかにある。それはすでに述べた様々な「自由」との対立概念として想像されていたことは間違いない。彼の場合、市民の間に形成される多数と少数の集団的な力関係に注目したことはきわめて重要といえる。つまりこの概念には人間の内面への影響が考えられ、人々の「精神」を左右する力——道徳的な力——があると洞察されたことにある。そこにトクヴィルの「数」（多数や時には少数）が持つ威力への脅迫観念があったと思われる。これは戦争などのむき出しの暴力とは異なるからである。

●バークとの思想的相違

ちなみに近代保守主義の代表格E・バーク[*5]はトクヴィルと対比される。両者には確かに共通項が多い。バークの場合、隣国イギリスにいてフラ

*4　*Ibid.*, p. 270.「多数の暴政」と「民主的専制」について松本礼二『トクヴィル研究——家族・宗教・国家とデモクラシー——』（東京大学出版会、一九九一年）第一章に詳しい分析がある。

*5　イギリスの政治家・著述家。中野好之訳『フランス革命についての省察』上・下（岩波文庫、二〇〇〇年）。バークについてはさし当たり岸本広司『バーク政治思想の形成』（御茶の水書房、一九八九年）、R・ニスベット／富沢・谷川訳『保守主義——夢と現実』（昭和堂、一九九〇年）参照。

ンス革命の衝撃を受け、近代保守主義の理論を仕上げたと考えられる。その思想的特徴は、よく知られているように歴史に宿る知恵（トクヴィルの習俗や心の習慣など）の尊重、改革の承認と革命の否定、議会政治と国民代表の意義、そして政党政治の役割などにあり、特に「人間の権利」の名の下での「民主的専制」批判が目立つ。一方、革命後に生きたトクヴィルには醒めた目で事物を観察し、バークのように議会政治や政党の役割を積極的に評価していない。トクヴィルは政治権力の近代的性格への分析に力を注いだと思われる。

さてトクヴィルの場合、「デモクラシー社会」に予測される新しい権力とは何か。まず制度的権力の意味がある。制度的な支配を担保する権力には色々な要素が混じり合っている。それはかつての国王に体現されたような意味での権力、つまり「王権神授説」に支えられた権力ではない。近代の「デモクラシー権力」はその源泉に強大な力とエネルギーを持つ「人民」の存在が想定され、まさに「人民主権」の教義とその行使が含意されていたからである（ii60 *seq.* 松本訳1上89以下）。

エドマンド・バーク。前頁注＊5参照。

●「デモクラシー権力」の性格の斬新性

『アメリカのデモクラシー』（第二巻）では中央集権制という近代的制度が政府の権力イメージに結び付く。すなわち「誰もが政府を単一、単純で、神の如く、万物を創造する権力のイメージ」（ii811，松本訳2下218）として描き、その権力とは政府そのものとなるのである。この前提の上に、彼の場合、「デモクラシー権力」は「後見的な権力」と見なされる。それは人々を柔らかく包み込んでまるで監督者が子どもを保護するかのように「穏やか」な方式で行使される。したがって政治的支配が隅々まで貫徹されることになる。国民多数によって選出される「後見的な権力」とは彼の独自な権力観を如実に物語る。

トクヴィルの比喩によると、「臆病で勤勉な動物の群れ」である国民と「牧人[*6]」に当たる政府との関係（ii837，松本訳2下257）、すなわち「巨大な後見的権力」として国民の前にそびえ立ち、「彼らの享楽を保障し、生活の面倒をみる任に当たる。その権力は絶対的で事細かく、几帳面で用意周到、そして穏やかである。〔中略〕市民が楽しむことしか考えない

＊6　羊群を飼う人の比喩。M・フーコーが司牧権力として、のちに権力分析に使用。

限り、人が娯楽に興ずることは権力にとって望ましい。権力は市民の幸福のために喜んで働くが、その唯一の代理人、単独の裁定者であらんとする。市民に安全を提供し、その必要を先取りしてこれを確保し娯楽を後押しし、主要な業務を管理し産業を指導」する。その上、市民から「考える煩わしさと生きる苦労」(ii837，松本訳2下257)までもすっかり取り払ってくれる、と考えたのである。この権力の場合、トクヴィルの「幸福」の捉え方とは大きく違うと見てよい。つまり、独立不羈《ふき》の人間を理想とする理念的「市民像」が想定されていたといえよう。[*7]

ところでデモクラシー諸国ではその体制と国民の必要から、「主権者の権力は他と比べて画一的で集権化され、広くまた深く国民に浸透し、より強力であるに違いない」(ii841，松本訳2下264)と見る。つまり「主権者の権力」とは具体的には「人民主権」を源泉にした近代の代表制的な制度的権力が含意されていた。また彼には「後見的権力」としての「政府」が想定されていたことは間違いない。こうした彼の認識の特徴とは、中央政府の集権的な行政権力の巨大性や国民全体に対する国家権力の浸

＊7　更に現代の福祉国家論の先取りの議論と見る捉え方もある。

透性についての関心の強さである。逆に国民にとっては、「穏やかな」権力支配だが、一人ひとりの市民の場合、彼らが自らの思考を停止して、自発的な隷従に向かう制度の仕上げを想像していたと思われる。このことはモンテスキューの専制権力に対する「恐怖」論とはまったく異なる新しい視点といえる。つまり、暴政が用いた野蛮な道具、すなわち「鉄鎖と首斬り役人」(ii293, 松本訳1下154) と今日の文明による専制の完成を彼は想像していたのかもしれない。

●社会の力と画一性や全能性の関係

この特徴に加えて、「社会の力(プゥヴワル・ソスィアル)」(ii817, 松本訳2下228) が出てくる。すなわち「当然に社会の方が活動的で力強く、個人は従属的で力が弱い」。個人の力(私権・諸権利)――個人の独立――に対比される「社会の力」とは、社会そのものが持つ全体的な支配力、あるいはその影響力として想像された。だが、曖昧さは残る。別の文脈では「社会の権力」(ii810, 松本訳2下217) は単一性、遍在性、画一性、一体

＊8　個人の自由に活動する「デモクラシー社会」では個人の自由が制度的に保障されねばならない。個人の自由には個人の力・能力の発揮が含意されている。その際人々の集合的な力は社会的な力と見なされ、彼は

性とも取れるので、意味としては「全能」に等しい、と考えられる（ii848, 松本訳2下274）。彼が理解する「主権者権力」と「社会の力」の持つ強大性という二つの力に対して、一人ひとりの「弱い個人」という対比構図が強調される。これが新しい政治的社会的状況となるだろう、と彼は想像した。ここにトクヴィル特有の権力観がよく表れている。*8

もちろん上に述べた「主権者」とは集合体である「人民」、あるいは「国民」が想定されていることは間違いない。だが、「人民」あるいは「国民」は「デモクラシー社会」での有権者を意味するのか、またルソー的な意味*9での大文字の「人民」なのか、更に「政府」・「国家」なのかは文脈から考えるほかはない。近代国家の「政治原理」＝「デモクラシー」が持つ曖昧で多様な意味が政治上の概念だけでなく、社会的な「境遇の平等」として広い範囲に適応された結果、その影響が社会の諸方面にどのような「力」をもたらすかについて深く考察された。それは人間の「心の習慣」（ii331, 松本訳1下211）と名付けられたものに収斂する。

一方「権力」には、制度的な権力とそれが社会の隅々にまで及ぶ組織

それを圧力として恐れている。「私としては、どんな政府であれ、力のあるところには卑しい根性が近づき、権力には追従が付きものであると思う」（ii298, 松本訳1下161）と述べ、人間の品位の堕落を防ぐ一つの手段は何人に対しても全能の力を与えず、人を卑しくする至高の権力を認めぬことだと記す。

*9　ルソーの場合、理論上個々の人ではなく集合体としての人民全体が大文字の「人民」として観念化されている。もちろん、文学作品では個人として、人間は扱われている。「人民」は集合的な全体であり、そこに個人と全体との間にある種の緊張がある。つまり、一体的な全体と個とは常に緊張関係にあると捉えたい。

力も含意されていた。したがって、その行使の専横を阻止するための制度保障が当然必要となる。彼は、アメリカ社会にそれを見出し、また連邦制度と州自治の結合のような政治制度の構築に保障を求め、更に陪審制や社会に広がる結社にまでその範囲を拡大した。究極的には「参加デモクラシー」の実現に、すなわち人々の「自由の精神」や自治意識の覚醒や自由の術の習得などに期待した、と思われる。

●「私の目」と「神の目」との区別

さてすでに習俗の変容について触れたが、その変容から発生した「個人主義」の問題は別な視角から検討されねばならない。それは元来「デモクラシー」に内在していたジレンマに関わる。確かにトクヴィルは「デモクラシー社会」を公平な目で見ていた。だが彼の思考回路は単純ではない。その思考には二重の価値意識、すなわち「神の目」（時間という永遠性の観点）と彼の内心である「私の目」が見られる。この目には内面の葛藤や対比思考や彼の想像力が総合的に作用していたといえる。

シャルル・ド・モンテスキュー。一四―一五頁本文および注＊6参照。

だが「個人主義」とは究極的に「悪徳」と認識されたので、やはりこの概念には価値的なものが含まれていると考えた方がよい。つまり人々が飽くなき物質的な欲望へと駆り立てられる一方、自らの狭い利害に汲々として小社会に閉じ籠もる結果、公共的な事柄に無関心を装い、結局、「利己主義」に陥ってしまうからである（ii613, 松本訳2上175）。一方「私の目」に対して、「神の目」は新しい「デモクラシー社会」と習俗を肯定的に捉えていた。

つまり「神の目」から見ると「少数者のものの異常な繁栄でなく、万人の最大幸福」（ii852, 松本訳2下280）が最も喜ばれる。当然「デモクラシー」は「進歩」であり、「より正義に適い」、「正しい」ものである。逆に彼にとって、「デモクラシー」は「頽廃」と映った。それは人間の根源にある欲望と深く関わる問題といってよい。この内面の葛藤とは「デモクラシー」運動として、すなわち、境遇の平等化自体が生み出した歴史的な様々な結果に内面の葛藤は由来する。「デモクラシー」という概念の下に描かれる社会が大きく相貌を変容すること、つまりその葛藤の

ジャン・ジャック・ルソー。一四一一五頁本文および注＊7参照。

先に予測される社会がトクヴィルの場合、不安や苦悩の種なのである。

●デモクラシー的専制の問題性

こうしたトクヴィルの思考構造では、政治領域と社会領域という二つの領域が視野に収められる。周知の概念、すなわち「デモクラシーのもとでの専制（デスポティズム・デモクラティク）」はまさにこうした思考の産物といえる。徐々に習俗が緩和化され、「個人主義」に染まった「デモクラシー社会」の人間には別の顔がある。人々は「境遇の平等」によって政治上では自分が「主権者」であると見なし、自分が最終決定の判断を下すと日常の経験から感じる。したがって、自分は他の人間と平等であるという同類意識、つまり仲間感情の形成が容易となる。これが逆に「穏やかな」専制を生む社会的土壌を形成し、人々にその権力を待望する雰囲気を醸成する、と考えた。つまり、同等な他者に従属することを嫌う社会全体の心理的傾向は、彼が想像する巨大な集権制的な「後見的権力」を出現させる土壌となる。[*10]

*10 E. Nolla, *Première édition historico-critique revue et augmentée par Eduardo Nolla, De la Démocratie en Amérique*, tome 2 (Librairie philosophique, J. Vrin, 1990), p. 265 note e.

この周知の権力予測は、「物質主義」や安楽の追求、また産業の進展に伴う都市への人口集中、更に全体としての行政機関の集権化などが相互に関連する、いわゆる「近代化」の進行がなければ生まれなかったに相違ない。言い換えると、トクヴィルは近代社会に樹立される政治権力を前述してきたような思考過程の下で捉えていたのである。

●「ボナパルト的デモクラシー」の問題

時代が推移する中て、彼の想像された新しい権力像（一八四〇年）は歴史的事実としてルイ・ナポレオン[*11]（一八〇八―七三）の「ボナパルト的デモクラシー[*12]」に重なる。それは成年男子の普通選挙に基づく大統領制権力の樹立と、その後数度行われる人民投票（プレビシット）にある。すなわち為政者が民意に是非を問うためでなく、人民の「信任」を獲得するための政治的手段となったものである。彼にとってこの「デモクラシー」の出現は、政治的思索に基づく予測としての権力像、言い換えると人々が心情や知識を総動員して自分の利益を追い求め、「平等化」への

＊11　ルイ・ナポレオンは大統領選挙で圧勝（一八四八年一二月）。人民投票で帝政復活の承認。ナポレオン三世となり第二帝政成立（一八五二―七〇年）。

＊12　拙稿「ボナパルティズムの国家像――ボナパルト的デモクラシーの視点から――」（田中浩編『現代世界と国民国家の将来』御茶の水書房、一九九〇年）。また、拙稿「国民国家としてのフランス第二帝政――「ボナパルト的デモクラシー」のジレンマ」（望田・碓井編『グローバリゼーションと市民社会』文理閣、二〇〇〇年、所収）参照。

情熱に拍車をかける、という事態と相関関係にある。新しい権力像の先取りの背景となったのは、まさに一九世紀ヨーロッパの「ブルジョワ社会」の興隆にあったと思われる（iii50、小山訳90）。

2　貴族階級との対比と「集団的個人主義」

●フランス革命についての新解釈

すでに述べたようにトクヴィルの独自な社会認識から生み出された「個人主義」とは、「同じような人々が無数に集まったこの群れ」（ii851、松本訳2下279）が前提にされていた。同時に、この認識は自国の「デモクラシー革命」の進展をも想定させるものである。感覚の鋭い彼は「デモクラシーの洪水」（iii789、喜安訳135）の中にいると感じていたに相違ない。だが、同時代のA・チエール[*13]（一七九七―一八七七）やF・ギゾーのような政権側にいた政治家らは「フランス革命」が終焉した、と見なしていた。ところが一八五一年一二月二日に現職大統領ルイ・ナポレオン

＊13　ルイ・アドルフ・チエールは歴史家・政治家・リベラル派で、七月王政で二度首相。第三共和政初代大統領。著作に『フランス革命』（一八二四―二七年）がある。必然史観の流派に属する。彼は「統治行為とは、諸個人が大衆《マス》に対して力を行使することである」という。田中拓道、前掲書、七三頁。

のクーデタが勃発して、トクヴィルら自由主義派は逮捕された。これを潮時と見て彼は政界を退く。[*14]

●第二帝政と過去の歴史

自国の政治的動乱を憂いていた彼は、ルイ・ナポレオンの新体制（第二帝政）に迎合したり奉仕する人々を軽蔑しながら、フランスの歴史的過去の研究に余生と情熱を注ぎ込む。つまりトクヴィルの「いま」意識は、「旧体制」が対象化されることによって活動し始める。彼の心中には「フランス革命」についての疑問、すなわち大革命の原因とは何かか、またフランス人の国民性に与えた「デモクラシー」の進展の影響やフランス革命の通説[*15]への疑問が涌いてくる。「旧体制」の行政文書や陳情書などの資料解読に明け暮れた日常生活は、やがて『旧体制と大革命』（一八五六年）という成果となって結実する。

＊14　ジャルダン、前掲訳書、五一三頁参照。クーデタの原因は第二共和政憲法が任期の延長を認めていなかったため。

＊15　通説は、旧体制と大革命との断絶説。また、大革命の原因を旧体制社会の一般的貧困状態と見る。一方、ジュール・ミシュレ（一七九八―一八七四年）では人民中心の民主主義的共和主義の色彩の強い革命史。著作に大野一道訳『民衆』（みすず書房、一九七七年）他。トクヴィルの場合、一七八九年を革命の始点におかず、「貴族の反乱」から説く。また中央集権化は「旧体制」に源があり、それを完成させたのが革命と見る。つまり、「旧体制」と大革命の連続を主張。

●フランス人の国民性とは

さて、彼は歴史的現実、すなわち「いま」の社会を把握するにはフランス人の国民性の解明に踏み込まねばならない、と考えたに相違ない。『旧体制と大革命』には間歇的に持続した諸「革命」を念頭に、「国民性」と漸進的な「デモクラシー」（平等化）との関連の解明のみならず、フランス人の特異性の考察が見られた。この著作によると、フランス人はどのような行動の場合も、きわめて極端で対蹠的な態度を示し、「原理に基づくよりも情動によって動かされやすい」（iii230、小山訳409）。この「特異性」の指摘の後、次のように続ける。「これは遠い昔の風俗描写にも見られた。一方日常的な考えや好みは変わりやすく、思いがけない光景に出くわすと、他人が見るようにしばしば驚く。自棄になったときには内に引きこもり、すべて旧習にこだわる。一度住居や習慣を無理やり取り上げられると、世界の果てまでどんどん進み、すべて思いきって行う。気質からして強情な国民は恣意的な支配力にしばしば一層満足する」（iii231、小山訳490）。

ナポレオン三世ことルイ・ナポレオン。三七頁注＊4および八三頁参照。

いうまでもなくトクヴィルは第二帝政の下で生きている。この背景が分かると、上記の国民性の認識にはそれを苦々しく思うトクヴィルの心情や価値判断が行間から読み取れる。

前述したように、彼にとってフランスの漸進的な「デモクラシー」（平等化）が「頽廃」と映っても、その不可逆な流れは「神の目」から見ると、「進歩」（ii852, 松本訳2下280）と判断する冷静で複雑な二重の思考があった。この視点は『旧体制と大革命』でも貫かれている。

●革命の独自過程

では全体として、この革命の独自な過程とはどのように認識されたか。大革命は一つの比喩、すなわち「怪物の頭がぬっと現れるにつれて恐ろしい相貌」となる、一幅の絵画のように描かれた。しかもその革命は赤裸々な暴力をときには伴いつつ「政治的諸制度を破壊した後、社会的（スィヴィル）諸制度も破壊した」（iii55, 小山訳98）のである。

ルイ・ナポレオンを美化した寓意画。古代ローマ風三頭立ての二輪車に載り、天使たちに導かれた皇帝らしき人物が描かれている。

●歴史分析における情念の役割

この歴史分析を支える認識にはいくつかの理論的な前提があった。つまり制度論的論考と政治の関わりの問題といってよい。彼の場合、しばしば人々に「必要な制度」と呼ばれているものは「人が慣れ親しんでいる制度」にすぎないこと、また「社会的な組織」についていうと、可能な領域というものは、それぞれの社会に生きている人々がそれを想像するよりもはるかに広い、と捉えていた（iii789、喜安訳134）。つまり慣習に基づく必要な諸制度や人々が想像する以上の広がりを持つ社会的空間の想定である。

ところが政治的経験を基に社会を観察した彼は、人々には一つの共通感情として「憎しみの共同体」があって、それが常に「親和力の基礎」（iii786、喜安訳129）になった、と喝破する。常に人間集団にあるこの見えない情念――政治問題の根底に横たわる――が射程に収められた政治思考である。こうした認識はいわゆる哲学者F・ニーチェ（一八四四―一九〇〇）の「ルサンチマン」[*16]の機能への着眼と繋がる思想的要素として看

＊16　人間の悪感情である怨恨・憎悪・嫉妬が反復して内攻して心に積っている状態。ニーチェが用いたことでよく知られる。著作に秋山英夫訳『悲劇の誕生』（岩波文庫、一九八五年）、木場深定訳『善悪の彼岸』（岩波文庫、一九八六年）他がある。

過できない。「心の習慣」を秘めた集団にうごめくこうした隠微な感情への目配りが全体としてトクヴィルの複雑な思考に彩りを与えている。

次に旧社会の構造が「デモクラシー」＝平等の進展によってどのように変化し、また新しい原則がどのような影響を政治と社会に及ぼしたか。トクヴィルの分析を辿ってみよう。出自からいって明らかに、彼はかつての「貴族階級」の動向に注目していた。すでに『アメリカのデモクラシー』において「貴族社会の類型」が編み出され、「デモクラシー社会」との比較が試みられていた。その際、同時代のイギリス貴族制[*17]が彼の念頭にあったことはいうまでもない。

フランスの貴族階級は、特権的な階層社会である「旧社会」で公職を与る多数の平民と融合する場合でも、彼らの「階級利害」を保持するのに汲々とし、同時に「共通の持続的な絆」(ii268, 松本訳1下116) で結ばれていた。特に「貴族出の役人」は公職に就いていてもそうでない時も彼ら同士の強い「絆」があり、また為政者と一体であった。

＊17　類型的に捉えた形としての貴族制。イギリスは「開放的」。フランスは「閉鎖的」。

●排他的なフランス貴族階級

トクヴィルにとって貴族政体はこの「階級の精神」がないと存続しえない、と考えられていた。しかし、イギリスの貴族階級の場合、他国の貴族階級に比べて「慎重、有能、明敏」(iii123, 小山訳224)の資質が求められた。この階級には貴族と平民との同一事業の経営や同一職種への就業や通婚などがあったので、厳密な意味での貴族階級は存在しない。イギリスについて彼はいわゆる「開かれた貴族制」(iii127, 小山訳232)のイメージを持っていた。これは確かである。

ところがフランス貴族階級について、彼は貴族たちの「カースト」化、つまり排他的であり、その孤立化を問題視する。『旧体制と大革命』によると、かつて「貴族(ノブレス)[*18]」とは身分に相応しい気高さや高潔さの振る舞いによってその地位や高い身分が与えられた者のことで、「統治する市民たちの集団」の役割を担った。とはいえ、集団の指導者になる人々は出自だけで決められていた。貴族でない者はすべて、この「特殊な閉鎖的な階級」(iii122, 小山訳223)から排除された。多少とも高い地

*18 二種類の貴族、すなわち帯剣貴族と法服貴族が考えられ、ノブレスとは「統治」の役割を中心に理念化されている。

*19 田舎貴族(le gentilhomme)は農民たちの主人ではな

位に就いた場合でも、いつも国家の中では従属的な地位である廷臣、すなわち官僚となった。また農村では住民の世話や指導をしたかつての「田舎貴族」は不在地主になり大半はパリのような大都会に住んだ。[*19]

このような貴族論では、イギリスの「開かれた貴族制」に対する、フランスの「カースト」化した貴族制というういつもの対比思考が際立つ。したがって、自国の貴族階級への憤りは、免税権などに最後まで固執し、[*20]特権的身分の維持に汲々としたことに向けられた。言い換えると、それは「統治階級」としての無責任さの指摘といえる。彼の判断ではフランス革命の淵源は、統治階級としての無自覚性のみならず集権的官僚機構や腐敗した売官制に由来したものにほかならない。こうした考察は、「デモクラシー」の世紀における「人間の堕落」を問題にするトクヴィルの思考と巨視的な歴史の全体から観察しようとする意識の総合作用と思われる。ちなみに「人間の堕落」という視点は、ルソーの『人間不平等起源論』と通底する。現代の私たちはこの視点を失ってはいないだろうか。

く、農民たちの世話や指導することに関心を持たなかった。また彼らは農民たちと同じ公共負担に服さなかった。それで農民たちの貧窮に深く同情することもなく、自分たちには疎遠な農民たちの不満に与することもなかった、と彼は記していた(iii154 *seq.* 小山訳280以下)。トクヴィルは「一種の心の不在地主制」(iii155)と捉えていた。

＊20　農民に課された賦課租の一種。タイユ税や人頭税以外に以下のものがある。定額地代、土地移動税、物納年貢、物納不動産税、相続税、村土一〇分の一税、果物税、葡萄酒税、農奴税、賦役、通行税等。また、その他の権利に雑草権、狩猟権、池の権利、鳩舎保有権、裁判権など。

●集団的個人主義と多様な社会組織

ところでトクヴィルによると、フランス「旧体制」の弊害は中でも「一種の集団的個人主義」(iii134, 小山訳242)にあった。もちろんこの観念は「デモクラシー社会」の「個人主義」に対応している。が同時に「デモクラシー」の進展に伴う「旧体制」社会の変容をも意味する。すなわち、「旧体制」社会にはよく知られていたように大小様々な集団が存在していた。それらは地域や職能からなる多様な組織であって、それぞれが強い「絆」(=社会関係)によって結ばれていた。だがそれぞれの社会集団が「カースト」化によって固定化され、階級間の分断現象が加速されたことは確かである。

この現象に加えて集権的官僚機構の整備が進む。そして広く大小の免税特権という共通の絆で結ばれた貴族階級や公職から引退した田舎貴族の集団、また種々の役職に分かれている聖職者集団や中央に形成された高級官僚群と地方の役人集団、更に都市ブルジョワ層と対立する農村の住民集団などがあり、それらは社会集団として割拠していた。つまりフ

フリードリヒ・ヴィルヘルム・ニーチェ。八八頁本文および注＊16参照。

ランス社会における王を頂点とする全体としての大きな鎖のようなつながりと各々の分断状態という総合的な認識がトクヴィルにはある。このような体制は、今日一般に「社団国家」と呼ばれている。[*21]

トクヴィルは、この社会状態での「ただ自分のためにのみ生を全うし、自分のことにしか関心を寄せず、自分の問題以外には関与しない」（iii134, 小山訳242）人々の態度に注目し、批判的に捉えていた。これらの「旧体制」社会の無数の集団は、その帰属する集団のことしか考えず、孤立し互いに類似し、公共心、あるいは公的事柄への関心の喪失へと向かう、と考えた。彼の場合、人々がすでに啓蒙思想[*22]の影響を受け、理論上社会の「一体性」を熱愛する傾向が広がる環境で、分断する細々した障壁自体が「常識や公共の利益」（iii134, 小山訳242）に反する、と推論されていたのは間違いない。革命後の世代であったトクヴィルには、「理性」の光によって「旧体制」の批判や自由な政治秩序の予測といったフィロゾフの理論作業に疑問を持っていた。歴史的現実の「いま」意識が「デモクラシー」の認識を深め、「旧体制」の考察や判断に投影されてい

＊21　二宮宏之はこの社会を「社団的・身分的編成」の視角から考察している。『フランス　アンシアン・レジーム論――社会的結合・権力秩序・叛乱――』（岩波書店、二〇〇七年）第八章、二一九頁以下参照。旧体制の理解はこの著作に多くを負っている。

＊22　普遍的理性への信仰や権威に批判的な「百科全書」の刊行があり、都市に住む人々の識字率も上昇する。大量の出版物により知識が神聖なものではなくなる。こうした民衆に影響を及ぼした著作や知識人の考え方の総称。一般にフィロゾフと呼ぶ。モーリス・クランストン／富沢・山本訳『啓蒙の政治哲学者たち』（昭和堂、一九八九年）。

たからである。逆にいうと、歴史の多様性や社会にある「未知の力」（『旧体制と大革命』序文）についての彼の認識に関わる。

だがこの認識は「デモクラシー社会」とその人間との対比から生み出されたものを反転させたにすぎない。ここにトクヴィルの貴族的な人間への憧憬やその好みに惹かれる彼の思考的傾向が現れていたといえるだろう。

●**貴族的精神とデモクラシー的人間の対比**

言い換えると、彼にとって貴族的な精神と捉えた独立不羈《ふき》の精神や名誉心などの価値意識が「デモクラシー的人間」との対比に果たす役割は大きい。それが対比の価値基準となっているからだ。そのことは「貴族社会では、世論を導き政治を動かす階級は大衆（ラ・フール）のはるか上に恒久的世襲的な地位を占めているから、自然、自分自身と人間について尊大な思いをいだく。何事につけ身に栄誉を受けることを想像し、欲求に壮大な目標を設定する」（ii554-555，松本訳2上82-83）と述べ、続いて

幼少期（五歳）のトクヴィル。

貴族階級は暴虐で非人間的な行動に走るが、卑劣な思いに囚われることはない、と付け加えた。貴族制時代について「人は一般に人間の尊厳と力と偉大さという観念を非常に大きく見積もる」（ii555，松本訳2上83）とする価値判断に符合する。

●対比思考の問題性

貴族社会の人間像が「デモクラシー」的人間像との対比に由来することはすでに述べた。もちろんトクヴィルが誇らしげに語った「人間の尊厳」や「人間の偉大さ」は現代に共通する最も大切な観念であることはいうまでもない。

こうした対比的思考による考察には、由緒ある貴族への矜持が混じり合っていたとはいえ、すでに彼が貴族階級は過去のものと見る冷静な認識を持っていたことを忘れてはならない。この対比思考から組み立てられた独特の価値判断こそトクヴィル思想の核心となる。過去の貴族階級へのノスタルジアが時の流れと共に彼に生じてくるのは自然なことかも

トクヴィルが後半生を過ごしたノルマンディのコタンタン半島の居宅（城館）。

しれない。つまり対比思考には長所も短所もある。この思考方法がトクヴィルのような人だけでなく、広く人文・社会科学の研究者たちが人間一般の現象に用いているので、私たちは特に注意しなければならないであろう。

3　中間集団の消滅と結社の自由

●社会の分断化・孤立化

現実の第二帝政の社会を念頭に置いて、トクヴィルは『旧体制と大革命』の中でこう述べる。「人々がカーストや階級やギルド[*23]や家族のどんな絆によってもそれぞれが結び合っていることはもはやない」（iii48、小山訳87）。彼にとって、過去の時代とは、いわば大きな鎖の環のような社会がイメージされていた。すなわち「旧体制」は習俗や伝統と身分的上下の緊密関係の下に人々が相互に結合された関係（社会構造）にほかならない。だが、大革命後のフランスの歴史的現実では真逆の「デモクラ

＊23　中世都市の商工業者の団体組織。ギルドの語義は「仲間」等を意味する。

シー」（平等化）が作用する中、「個人主義」に由来する市民の孤立化や分断化が助長される、と考えられた。

もちろん「旧体制」の考察では、社会の多様な中間集団が果たす役割に彼の願望が込められていた。たとえば、何世紀も社会の先頭に立って長く権勢を振るっていた中間集団、すなわち貴族階級についていえば、一種の誇りやその力に対する信頼や他者からの視線があった。だから社会のうちで「もっとも強力な抵抗の拠点」（iii146、小山訳266）となった。このように彼は貴族集団が王権に対する制約・反抗を過去の歴史から引き出したのである。実際、これがフランス革命史での「貴族の反乱」の典拠となる。

つまり、トクヴィルにとって諸中間集団の存在は、旧社会の多様性を示し、また人々の強い絆や権力への制約装置の意味が含まれていたと思われる。一方「デモクラシー社会」での「結社（アソシアシオン）」には社会における「個人」の持つ能力の発揮や結合のもたらす効果に力点がある。というのは、近代の原子論的な個人[*24]、すなわちばらばらの個人、

＊24　原子（アトム）はギリシャ語では、これ以上分割しえないものを意味し、近代以降人間社会の「個人」を理論的に想定して、政治・社会学で用いられた。現代の政治学者M・J・サンデルはこの個人を「負荷なき自我」という観念と考える。菊池理夫訳『自由主義と正義の限界』第二版（三嶺書房、一九九九年）参照。

あるいは分断化・断片化された個人という社会認識が密接に関わるからである。彼の結社論は、旧社会の中間集団と同様に、人々の新たな結合関係の視角から「デモクラシー社会」を考察した試みである、といえる。

●結社の権利の重要性

「デモクラシー社会」と、見た現実の社会についての思索が深まるにつれて、この視角は、彼の結社観の変化として現れる。『アメリカのデモクラシー』第一巻では、結社の権利が無制限に認められたアメリカと、制約されたヨーロッパとの対比において叙述された部分（第二部第四章）を取り上げると、政治的な結社には抑圧者に対する被抑圧者の結社の存在意義を認めていた。とはいえ、「一定の場合には仲間の誰かの命令に奴隷のように従うことを約束」（ii220，松本訳1下50）し、自分の意志や思想までも委ねてしまう、と消極的な結社観が見られた。そこには母国の対立する政治的事情もあって、「政治的な結社」には否定的に、更にいえば危険視されていた。

ところが五年後の『アメリカのデモクラシー』第二巻では、「政治的結社」と「市民的結社」の密接な関係性が説かれ、市民が団結する必要が強調された（第二部第七章）。市民的結社とは、人が社会生活をする以上不可欠なものであり、あらゆる目的のために結合する「能力と習慣」（ii632、松本訳2上206）が習得される場である。一方、「政治的結社は無数の個人を一斉に私生活の外に引き出す。年齢、気質、財産によってどんなに本来隔たっていても、政治的結社は諸個人を近づけ、接触させる」（ii630–631、松本訳2上204）。しかも「結社の技術」を学ぶことの必要性も指摘された。トクヴィルの場合、市民が結社の一般理論を学ぶ「無料の学校」は「政治的結社」（ii631、松本訳2上205）以外にない。この結社の自由こそ市民の幸福や静穏な生活に必要である、と彼は確信した。「結社の精神」、それは人々の内面を交流によって豊かにし、またその体験を通して様々な知識の習得の拡大に繋がる。つまり人々の交流によって人間の経験知の獲得が増大するが、同時に秩序形成の問題が潜んでいる。彼の結社論は「いま」の社会認識に対する強い危惧感と相関関係にあっ

エドゥアルド・ノヤ編集による『アメリカン・デモクラシー』第一巻英語版の表紙。

た、のはいうまでもない。[*25]

●社会的「絆」の形成

『旧体制と大革命』での「中間集団」論と『アメリカのデモクラシー』の「結社」論との関係を総合的に考えてみると、まず人々の「絆」(関係性)への注目が前提にある。次に時の権力を振るう者への制約的機能をそれぞれの理論に期待していたといえる。事実、「いわば政治的結社は国家を制御しようと欲する唯一の力のある個人を形成する」(ii632, 松本訳2上207)という位置付けに見られる。両論には歴史的位相の違いはあったが、同様な機能を果たすことが考えられていたと思われる。もちろん、この「力のある個人」が近代の政治主体、「市民」に通じることは容易に想定される。しかし、「市民」の形成の視点が強く打ち出されたことは、彼の「デモクラシー社会」への失望の裏返しであろう。[*26]

上述したように「デモクラシー社会」の「結社」活動への期待は、人間能力の創造性に寄与する、つまり「個人主義」の優勢な現実社会に、

＊25 富永茂樹『トクヴィル 現代のまなざし』(岩波書店、二〇一〇年)一二四頁以下参照。

＊26 結社法の改悪、出版の自由を制限する諸法、パリで共和派の蜂起など。一方、彼は「革命」が間歇的に発生するのではないかと恐れていた。

公共心を持った「市民」の育成が可能だと考えたからにほかならない。この望みは『旧体制と大革命』の序文では、出版統制や言論弾圧と共に人民投票制（デモクラシー）を採用した第二帝政が念頭に置かれた鋭い体制批判の通奏低音の響きと重なる。「自由のないデモクラシー社会は、同質的な大衆《マス》の力によって、富み、開化し、華やぎ、また壮大にさえなり、強化されるかもしれない」（iii50、小山訳89）。また有徳なキリスト教徒や誠実な商人、善良な家長や尊敬すべき地主もいるだろう、だが、このような社会には「高貴な市民」は見られない、という。「自由」と「革命」の相克と呼んでよいような思想的な葛藤がこの序文に感じられる。

同時に諦めに近い感情が革命の諸事件の解明という意図と深く交わっているのが読者に分かる。確かにこの著作は、彼の痛烈な体制批判の態度表明である。だが同時にトクヴィルの近代社会における人間存在に対する洞察、つまり人間のあり方と自由の理念や平等の原理という根本問題への洞察の証となろう。

エドゥアルド・ノヤ編集による『アメリカン・デモクラシー』第二巻英語版の表紙。

●利益の正しい理解の説

ところで、彼は具体的にどのような人間像を望んだか。それはアメリカの経験から学んだ「利益の正しい理解の説」（第二部第八章）を典拠に推定できる。*27『アメリカのデモクラシー』によると、この説からはかつてのような偉大な献身は生まれない。しかし、人を毎日ささやかな自己犠牲に誘う。この行いだけでは有徳な人になれないだろうが、規律を守る節度のある、かつ用意周到で自己抑制的な人間の育成が期待できよう。つまり、この説を援用すると、「利益」を追求するが、同時に自律的な人格の「市民」が多数形成できる（ii637，松本訳2上214-215）と考えていたことが分かる。明らかにこの叙述から良き市民の創出の願望が読み取れる。

●楽観的市民像と大衆

今日的観点に立つと、この教説を根底に持つ市民像の形成はあまりに楽観的であるとのそしりを免れないだろう。だが彼の主著執筆の時代は

*27 E. Nolla, *op. cit.*, tome 2. 第二部第八章においてE・ノヤは注で詳しくトクヴィルの思考の跡を辿っている。この理論がアメリカで一般的になった理由をトクヴィルは貴族社会との関係で考察した。貴族社会では上流階級は決して安楽の獲得を求めず、堕落を恐れないという。進んでより高い目標を目指して情熱を注ぐ。*Ibid.*, p. 118a.

一九世紀の前半であり、経験に基づいて形成された理念像に彼の信念が籠もっていたと見た方がよい。問題は「デモクラシー社会」に生きる諸個人が数量的な「相い似たような」人々の集団（大衆）として抽象的に一括された、社会認識と対比による比較考量の方法そのものにある。人間一人ひとりは多様で「大衆《マス》」として数量的に計られるものではない。広く社会現象における人間認識、つまり社会学的視角による認識と具体的な存在としての個人の認識（歴史的・哲学的方法）については、接近方法が異なるであろう。したがって理論的な矛盾は当然生じるがトクヴィルの場合、両者は認識において一体として作用していたのであろう、と思われる。

4　「旧体制」社会と集権制国家の役割

●旧体制とフランス革命との連続性

「旧体制」の研究に没頭したトクヴィルにはいくつかの発見があった。

たとえば、王権と貴族層の抗争＝「貴族の反乱」をフランス革命に結び付ける見方や、一般的な見解と異なる「旧体制」の政治構造が「大革命」やナポレン帝政に見られる中央集権制へと連続すること、更に旧体制下での社会の繁栄、[*28] これらはいずれも「デモクラシー」、つまり「境遇の平等」の漸進的な進展という独自の主張と不可分である。彼の叙述の目的は、革命の諸事件の事実を物語ることではなかった。革命が生み出した様々な事件が人々の感情や思想の動きに与えた変化と眼前の「自由のないデモクラシー社会」(iii50. 小山訳89)がどうして生まれてきたか、そのことを探ることに大きな力点があった。つまりフランス革命の事業とは、旧体制の継承にほかならなかったことや「近代」的支配が諸個人を一種の鋳型に流し込もうとすることを証明したのである。

さて大革命の原因の複雑さについては、まず王権の進展と権力集中化が問題視された。「旧体制」における「国王顧問会議」[*29]の設置やそれを中心にした権力の中央への集中化が注目された。彼は、「中央行政には実際にパリに唯一の役人しかいないように、(地方)行政ではそれぞれの

＊28　従来、フランス革命の原因は旧体制下の民衆の貧困状態にあると考えられた。それは植民地貿易で富をなした人々と金融業や新しい産業の勃興で財をなした者とパリ民衆らの経済的格差の関係の捉え方にある。経済的拡大と都市化に焦点を当てれば、貧困化は相対化される。谷川稔・渡辺和行編著『近代フランスの歴史』(ミネルヴァ書房、二〇〇六年)三六頁以下参照。

＊29　国政の中枢であるこの会議は、ルイ一四世の治下で改組される。それまで王族や大貴族で構成されていたが、王の意志に基づいて三～五名の忠臣で法服貴族が中心となった。「広大王国は四人の人間、国王と国王に従属する三人の大臣」で支配

州にただ一人の役人がいる」（iii82、小山訳151）と中央行政への権力集中化に眼を奪われる。またフランス行政の全体は「単一の集団によって導かれ、同様に国内問題の処理のほとんどすべては財務総監という唯一の役人の具体的な措置に委ねられる」（iii82、小山訳150）と指摘する。このようにトクヴィルは権力の中央政府への集中に瞠目し、その機構的発展に恐れを抱くのである。明白なこの歴史的「事実」が持つ意味を考えると、彼の脳裏には「専制」と「デモクラシー」の結合という古くからのテーマが蘇ったといえるかもしれない。

逆に法の前の平等、つまり「デモクラシー」の進展という見方は、観点を変えると、法的な画一性・平準化の圧迫に、多様な諸個人の行動が規制されることを意味する。「旧体制」下の重農主義者の理論[*30]は、それを如実に物語る。

彼らによると「国家は国民を支配するだけでなく、ある方法によって国民を形成すること、すなわちあらかじめ国家の示すあるモデルにしたがって市民の精神を育成することにある」（iii190、小山訳341）。そしてボ

された（中木康夫『フランス絶対王政の構造』（未來社、一九六五年）三一四頁以下参照）。

＊30　ケネーやボドー師などの経済思想、政治論。自由放任主義による不干渉や独自の排除、恣意的な租税負担の廃止を説く。ケネーの著作『経済表』（一七五八年）は重農主義の基礎をきずく。

ドー師[31]（一七三〇―九二）の言葉が引用される。「国家は自分の欲するものをまさに人々から作る」（iii190、小山訳341）と。トクヴィルの場合、権力が集中される第二帝政を「デモクラシーのもとでの専制（デスポティズム・デモクラティク）」と捉えていたことはすでに指摘した。彼の思考によると、近代の政治権力が国民を自由に形作るという発想が芽生えていたと推量できる。この認識は現実に進行する政治現象が過去の「旧体制」の事柄を探索する「いま」意識と複合されて生み出されたもの、と考えられる。

●**社会構造の変容と諸階級**

次に、社会構造の変容がその時代に生きた人々の感情も含めてどのように認識されたか。すでに述べたように「旧体制」下で、人々は「集団的個人主義」の視点から認識されていた。すなわち「貴族身分（ロルド・ド・ラ・ノブレス）」は、「カースト」化によって「君主第一下僕」（iii126、小山訳229）となり、排他的特権を拡大し、その大半が高級官僚

＊31　フランス一八世紀の重農学派ケネーやチルゴーを擁護した修道院長。

フランソワ・ケネー。前頁注＊30参照。

や地方官僚となった。かくて「彼らの政治的諸権力」は失われていたが、免税特権だけは断固固執した。一方「田舎貴族（ジャンティヅム）個人に目を移すなら、以前には持っていなかった特権をいくつか取得し、すでに持ってい特権を拡大したりした」（iii125, 小山訳229）。またブルジョワ階級は田舎貴族と「公共生活」で最早接触することがなく、相互に理解し合うこともなかった。それぞれが私生活では「よそ者」のように感じ、競争相手ではなく、お互いが「敵」（iii125, 小山訳229）と見なされた。

この体制下ではほとんどの人々がパリのような都会をはじめ州都の各都市の城壁内に居住し[*32]、「富裕な平民」となった。やがて彼らは田舎に住んでいた頃の風習・習慣やその雰囲気も失う。そして農村に残っている人々の「辛い労働や農作業にまったく無関心」になった。彼らの望みとは「唯一つ役人」（iii129-130, 小山訳235）として出世することであった。

では、一八世紀に農民の地位は「デモクラシー」によってどのように変化したか。彼らはすでに少しだけの土地所有も「市民的な自由」も認められていた。だがヨーロッパ世界のどこの国にも見られない他の階級

＊32　農村民以外は城壁で囲まれた都市の中に住む。都市部は富と人が集中し、識字率も向上した。

と異なる「孤立した生活」（iii154, 小山訳279）にあった。これは「奇妙な新たな抑圧の仕方」（iii154, 小山訳297）であると彼には思われた。貴族階級の大半の離村や富裕な教養のある住民の農村離れがあった一方、農村住民に厳しい諸税の取り立てがあり、それは彼らには苛政と感じられた。

●人間の心理的葛藤

やがて農村住民にとって精神的指導者としての役割を担っていた村の司祭などが、「政治的支配層の特権をいくつか持つようになる」（iii157, 小山訳284）と、農民らの憎悪がいっそう掻き立てられた。つまり農村共同体において、彼らの孤立化と悲惨さ故に、その他の社会集団への「妬み」や「憎しみ」（iii157, 小山訳284）が醸成されたのである。トクヴィルは、集団間に関わる人間の心理的葛藤や生活苦を「デモクラシー」の進展と結び付け観察した稀な思想家にほかならない。

トクヴィルの場合、当時の農村共同体では住民たちが「貧しく、無知で、粗野な」（iii157, 小山訳284）人々から構成されていると認識していた

一九世紀フランスの農村風景。農場での農機具による麦の収穫。

ことが「旧体制」に関わる叙述から分かる。そればかりではない。更に大切なことは「大革命」を支配している人間集団の「精神」に対する見方にある。

●「旧体制」への総合的見方

彼の見方とは、次のような具体的な制度論や人の好みや欲求の総体として描かれる。「一般的な諸理論、完全な立法諸システム、法律の厳格な均斉性への好み、これらと同じように既存の事実への蔑視と理論への信頼、また諸制度における独創性や工夫に富んだ新しさへの好み、論理の規則と単一な計画に基づいて同時に諸制度の部分的な改善でなく国家構造全体をまったく改造したいとする欲求」(iii177, 小山訳317)である。

●トクヴィルの見た「近代化」

現代から見ると、それらの事象は一括して近代化の過程で生じたものにほかならない。トクヴィルの場合、すでに述べたように第二帝政の

急速に都市化されるパリ市街地。シテ島に建設中のオテル・ディウ（神の館、すなわち病院のこと）。

「いま」がまさに「デモクラシー」の進展として意識されて、認識の対象となったが、同時にその知的営みが体制批判の意味をも兼ねた。だが過去を対象としたその叙述は、多くの資料から実証されたように諸身分がかつて持っていた「自由」や「独立」の喪失過程であり、集権化の発達による農村と都市の「自治」の喪失過程を意味した。だから反対側から見ると、それはまるでブルボン朝王権の拡大の絵巻となった。トクヴィルの視角に立脚すると、それこそ人間の「堕落」にほかならない。だから『旧体制と大革命』とは、どのように自国の「自由」が消滅していったか、また諸階級の独自性やその利益保全とが、どのように人間の堕落と関係したかを総合的に考察したものといえる。

●「合理性」と人間の堕落

彼の思索の特徴となる旧体制や革命の叙述は平等という「原理」が「平等化」として、動きを伴って政治世界と社会に広く浸透する場合、それはプラスの方向にもマイナスの方向にも働くと洞察したことにある。

平等化は、「旧体制」における不合理性を打破し、一人ひとりの人間に自由や平等の価値の尊さを教え、自立を促す。だが、同時にそれは「合理性」を伴う故に画一化や均一化をもたらし精神に大きな影響を及ぼす。だから知らず知らずのうちに人間の一人ひとりに、つまり個人に与える影響・作用の問題こそ重視すべきだと説いた。自然界が多様なように人間世界も多様である。彼が制度権力を恐れた理由がよく分かる。イギリスの歴史家、J・アクトン卿（一八三四―一九〇二）の言葉を待つまでもなく、権力を保持する人間が数を恃《たの》んでその保持を望むなら、制度に支えられた権力は必然的に腐敗する、といえよう。

●フランスの自画像

まさにトクヴィルは「敗北した貴族」（ギゾー）の側にいたとはいえ、変容する社会を鋭い感性でもって捉えていた。彼の場合、様々な人間集団の対立・抗争や制度や人々の習俗の変容（病理現象）などが「デモクラシー」の進展する歴史の中で認識された。だから、『旧体制と大革命』

アクトン卿。ケンブリッジ大学近代史欽定講座教授。『ケンブリッジ近代史』叢書の企画・編集に従事。

はいわばフランスの自画像といってよい。その批判的視点の中核、「人間の自由」には、複雑な意味が含意されていたことは確かだ。もちろん、今日に通底する人間の独立や隷従の拒否や人々との対等の結合という主張が重要なことは間違いない。「デモクラシー」を通して「近代」の問題性を追究したトクヴィルの思想はいま甦るといってよい。

終章

トクヴィルと現代

●トクヴィル思想の教訓

このグローバル化の進む現代において私たちは、トクヴィル思想の意義をどのような視角から捉えたらよいのか。彼は、広く人間の自由と平等が価値としては等しいと見なされている平等社会（デモクラシー社会）で、実際に作用する二つの価値が情念を伴って作用するので、歴史的な経過においてその価値に恣意的解釈（たとえば堕落か進歩かという単純な捉え方）が生じると洞察した。つまり思想の規範的価値とは人間の情念という厄介な感情が結合すると、それらの価値はプラスにもマイナスにも作用するのである。だから「デモクラシー」は規範や制度として捉えるだけでなく、人々の集団において活動する動態に関心が払われなければならない。

だが、肝心な点は、彼が精神の表層の奥にある人間存在の本質に迫ったことである。特に現実政治の世界では理念や理想を冷笑する気分が蔓延する中でそれがいかに大切であるかを教えてくれたといえる。その理念や理想とは人間が自らの尊厳のために歴史と思想を通して築いてきた

四〇歳くらいの頃のトクヴィル。『アメリカのデモクラシー』第二巻を出版、アルジェリア旅行や下院議員の時期。

ものである。

　概して思想とは生き物である。自由と平等という人間の普遍価値が社会の中でどのような連関性を持ち、どのように人々の感情に訴えるのか。トクヴィルは冷静に観察したと思われる。また一人ひとりは個性を持ち多様であるように、人間社会も言葉や文化や宗教も異なり、それぞれ歴史に裏付けられた多様性に満ちている。「境遇の平等」が人間社会に与えた影響は計り知れない。トクヴィルは「神の視点」を導入して「デモクラシー」を認めた。つまり理性的な判断があった一方、彼の感情にはそれに抵抗するものがあった。そうした内面の苦悩を抱えながら歴史的現実に立ち向かった偉大な思想家であったといえる。

●近代権力と大衆社会

　もちろん彼の欧米社会についての考察は、現代における「大衆社会」の考察には欠かせないだろう。[*1] 言い換えると、近代的権力が人々の心理に与える影響の分析や集権的官僚制が人々に無意識のうちに隷従を強い

＊1　Cf. J.-P. Mayer, *Alexis de Tocqueville: a biographical study in political science* (Harper & Brothers, 1960). 山口定『市民社会論――歴史的遺産と新展開』（有斐閣、二〇〇四年）は日本の市民社会や大衆社会論を考える上で参考になる。

る機能を持つこと、また地方自治の強調や市民が自発的に結社活動を展開し政治に参加することの必要性、更に「自由で平等な社会」の理想に向かう方法としての「デモクラシー」の活用などが指摘できよう。

ところで、トクヴィルが「デモクラシー社会」の現象と捉えたものは、身分的階層制が打破され、G・ヘーゲル（一七七〇－一八三一）のいう「欲望の体系」としての「市民社会」の成立と重なる。すなわち「境遇の平等」（デモクラシー）が社会に広がり、「個人」の私益や欲望追求の最適な条件が整備されていくという意味で現代に通底する。

だがその負の側面、すなわち社会における平準化や画一化や均一化のもたらす弊害のみならず、諸個人の内面にある感情（たとえば差異への敏感な反応や妬みの助長）やそれをばねとした集団心理への影響、そしてそれらが中央集権制によって助長される。しかもこれらの弊害ないし短所が合成され影響力を持つ。結局、人間を無意識の隷従へと導くこと。トクヴィル思想はこのようなことを教えてくれるに違いない。「デモクラシー」の持つ積極的な長所はいうまでもない。だが、私たちが「デモク

ゲオルク・ヴィルヘルム・フリードリヒ・ヘーゲル。ドイツ観念論を代表する哲学者。主著に『大論理学』『精神現象学』など。

ラシー」についてトクヴィルの柔軟な思考態度から学ぶべきものは多大である。

●個人の独立性や公共問題への関心

現代社会では憲法が保障する個人の尊重や独立性（主体性）の保持の下に自由に活動できる。人間として一人ひとりの個人が尊重されるのは当然のことである。ところが、この制度保障ではトクヴィルの指摘したような「デモクラシー」の生み出すいわゆる心理的な弊害の側面が見落とされることはないか。人々が共に生きていく上での共通の場や条件（たとえば環境問題や貧困・過疎問題や格差の是正、原発事故など）、すなわち個々人が相互に力を合わせて解決していくような「公共の問題」に無関心であってはならないだろう。

特に「地方自治」への関心の低さ（日本では明治の帝国憲法に地方自治の規定がなかった）は、一般に低投票率に示されている。地方住民の諸利害がその地域だけのものでないことは、たとえば原発事故が示している。

だから、広くより多くの人の利益＝公共性へと結び付く「熟議民主主義」[*2]が要請される。またトクヴィルが強調したような「集権制の巨大組織」（ii101、松本訳1上145）に対峙するのは、住民の自治の意識や民主主義（デモクラシー）が活用・強化されるため政治的経験を積み重ねる以外にない。たとえば東日本大震災と原発事故後[*3]に生まれた新たな文化創造の試みや人間関係の環の拡大は注目すべきであろう。それは「地方自治」としてのデモクラシーがそれぞれの地域で鍛錬される過程を意味し、一人ひとりの「市民」が意識なき隷従へと誘われない方策の追求でもある。

●近代国民国家のイデオロギー

概して近代の産物である「デモクラシー」は、人民主権あるいは国民主権の原理を主張したイデオロギーと見なされ、また議会制や男子普通選挙制のような制度と共に政党政治の発達として理解され広がった。更に市民社会では討論の公開をはじめデモクラシーの担い手としての「市民」の形成や普選の獲得を目指す運動としても捉えられた（大正時代の普

＊2　「熟議民主主義」については田村哲樹の理論的研究『熟日民主主義の困難』（ナカニシヤ出版、二〇一七年）がある。

＊3　二〇一一年東北地方を襲った大地震とそれによる東電の原発事故による放射能被害。岩手・宮城・福島三県四二町村で甚大な被害。また、発行年は古いが、宮本憲一『環境と開発』（岩波書店、一九九二年）が一般論として役立つ。

選運動)。つまりデモクラシーとは近代国民国家の形成を促進するイデオロギーにほかならない。だが最も重要なことはこの思想や運動が封建的な、あるいは身分的な束縛から人々を解放して一人ひとりが自由で活動的な個人になる条件を社会の中に整えたことである。

現代は法的には個人の自由と平等が保障された社会といえる。すなわち一人ひとりが自由に私益の追求ができ、個人の幸福な生活を求めることが法的に認められた社会である。その意味ではトクヴィルが理想とした「デモクラシー社会」は実現しているといえるかもしれない。

だが現実の日本社会は、どのようなものか。インターネットをはじめソーシャル・ネットワーク[*4]の発達によって、一方ではグローバル化が進み、世界中の人々と網の目のようなネットワークで繋がっている社会に生き、他方国内では、「消費社会[*5]」といわれるように、安易な情報手段によって巷にあふれる様々な商品が購入できる社会でもある。したがって、諸個人が自由に望めば、それを手に入れることは可能である。人間の欲望の追求には際限がないのは誰もが知っている。

＊4　堀部政男『プライバシーと高度情報化社会』(岩波書店、一九八八年)、林進編『コミュニケーション論』(有斐閣、一九八八年)などを参照。

＊5　ジャン・ボードリヤール/今村・塚原訳『消費社会の神話と構造』(紀伊国屋書店、一九九九年)参照。

●現代社会の問題性

ところがこの社会では、一九七〇年代人々はあたかも「一億総中流社会」[*6]といわれ、その幻想に酔った時代（高度成長期と呼ばれた）があった。だが経済成長によって格差が広がったのは周知の事実である。[*7]また「オレオレ詐欺」や金融犯罪が増える中、都会では至る所に設置された防犯カメラが私たちの行動を監視する。いわば「監視社会」化である。政治世界では、第二次大戦の敗北と多大の国民の犠牲を払った代価として手に入れた平和主義の憲法が、国際環境の変化の口実の下「解釈改憲」されて集団的自衛権の行使が異論もなく閣議決定された。歴代政府がそれは違憲だと判断してきたものであって、法の原則、すなわち立憲主義[*8]の侵害と考えられる。

●「未完のプロジェクト」としての民主主義

本来、議会制民主主義の下では国の行政機関（政府）は、国民の信託を受けた代行機関である。この機関が一国の政治「支配」を意味するよ

＊6　野村総合研究所『［続］変わりゆく日本人』（野村総合研究所広報部、二〇〇一年）七頁。

＊7　橘木俊詔『日本の経済格差──所得と資産から考える──』（岩波書店、一九九八年）が実態とメカニズムを検証している。

＊8　近代以降の国家原理。国民の政治参加の制度として議会を持ち、自由保障の目的として権力分立制を採用する。権力の行使は不文または成文の憲法によって行われること。

うになり、一部の富裕層にしか恩典をもたらさない。「政治」とはそこに住むすべての人々のために利害を調整し、その対立を極小化して共生していく方策やそのような環境整備を整えることにある。憲法には理念や理想がある。またその条項に則って理想の実現に力を注ぐことが政治家や私たちに求められている。民主主義は常に進行形で捉えなければならない、と考えた政治学者、丸山真男に私も賛成である[*9]。まさに今、民主主義か衆愚政治かの岐路に立っているからだ。

思想とイデオロギーとの分離はとても難しい。それは何もトクヴィルを持ち出すまでもない。過去の政治思想はそれぞれの時代の課題に直面する中で生まれてきた。それを現代の具体的な状況の中で批判的に継承しなければならない。それが私たちの責務ではないだろうか。

＊9 また、丸山は大日本帝国の「実在」よりも「戦後民主主義の『虚妄』の方に賭ける」とアイロニーを込めて述べた。『現代政治の思想と行動（増補版）』未來社、一九六四年）。『丸山真男集』第九巻（岩波書店、一九九六年）一八四頁にこの表現はある。第三部増補版追記の一七三―一七四頁は特に重要である。

補論と付録

㈠ デモクラシー社会と「契約」の虚構性

現代社会は多様で複雑なように見える。だが社会の構成原理から考えると、いくつかの原理から成り立っているのが分かる。一九世紀ヨーロッパ社会に生きたトクヴィルは、合衆国の歴史的事実を元にして「原理」から社会の考察を行い、未来社会とその政治権力を想像力でもって、描こうとした。この歴史予測を含む知的成果が『アメリカのデモクラシー』であることはいうまでもない。したがって、近代社会や現代の考察に役立つ手掛りが多く含まれている。特に、その第二巻は彼の思索が時の経過と共に深められた著作だが、第三部第五章「デモクラシーは従僕と主人の関係をどのように変えるか」は、彼の思考様式、すなわち、貴族制とデモクラシーとの対比思考やイギリス、アメリカとフランスなど各国の特徴についての見方、また人間と市民との区別、更に秩序観などが示された有益な一章といえる。

まず、主従関係を軸に「貴族制」社会と「デモクラシー」社会が対比される。「貴族制」社会の下では、従僕は主人と変わらぬ「固有の階級」を形成している。彼らは集団が分化し、世代交代が生じても占める位置は変化なく続く。すなわち、彼らの社会は主人の社会と重なり合うが、身分的な階層秩序の位置付けでは変わらない。だがトクヴィルによると、「貴族制」社会が成り立つ構造は主人のみならず、従僕の思想と習俗に大きな影響を与え、また彼ら相互に誰の目から見ても親密な「絆」で結ばれた人間関係がある。その場合、いわゆる「習俗」が社会全体にとって重要な役割を果たすことはいうまでもない。

一方、「デモクラシー」社会では、情念や感情が付着する「絆」は文字を介した契約関係に取って代わられる。近代とは「契約」が基軸になって動く社会だから、そこには相互の理性的な判断はあっても、二人の人間関係は希薄であるか、あるいはないと考えられる。「契約」に注目した彼の人間観察が新しい知見を生む。

トクヴィルは「階級」概念を導入した視点に立っていう。「階級が低いからといって、その階級に属するものがすべて低劣な心の持ち主だと考えてはならない」(ii691, 松本訳2下38)。そう考えるのは「貴族制」社会の一般人の場合である。それはなぜか。従僕として彼らには栄光や美徳や誠実、つまり「従者の名誉」(ii692, 松本訳2下39)という観念があるからだ。主人の階級と従僕の階級という二つの社会の区別はあっても「類似の原理」が働いている、とトクヴィルは考えた。もちろん、従僕の階級にも卑しい人間がいることは経験が教える。フランスに例を取って「下種」(ラケlaquais)という言葉が取り上げられたが、この言葉は旧王政で「下劣で堕落した人間」(ii692, 松本訳2下39)を一言で表すのに用いられた。

「貴族制」社会には、「固有の徳と悪徳」が貴族同様に従僕にもある。同時に従僕は、子供のときから他人に命令され育ってきたので、階層的秩序と命令に従うという観念とイメージしか抱いていない。特権と身分制の階層的秩序、つまり人間の差別の上にその社会が成り立つことは明白である。

上述の「貴族制」社会の理念型では、主従の関係は明らかに財産と教育、意見と権利によって、上下に区分されていたが、長い歴史の間に培われた「共通の記憶」で結ばれていた、と彼はいう。こうしたイメージはもちろんイギリスの貴族制から案出されたものといえる。

一方、「デモクラシー」社会のイメージはアメリカ旅行体験に基づく「基本的事実」(『アメリカのデモクラシー』序論）という土台の上に構想される。この社会での主従関係を考えると、本来自由と独立の立場にある一人ひとりの人間が、つまり平等関係にある人間が「契約の結果」一時的に主従の関係を結ぶにすぎない。「デモクラシー」社会に働くのはまず平等原理、つまり対等の人間を出発点におくのである。

アメリカでは「従僕は相互に平等なだけでない。彼らは、ある意味で、彼らの主人とも同等のもの」（ii695, 松本訳2下44）である。というのは、先に述べた「契約」を前提に彼らの人間関係は成り立っていて、「契約の範囲」外では二人の市民、また二人の人間だからである。この条件、「境遇」が主人たちの間にも従僕の間にも平等の原理が働いて、両者間の関係に変化が生じる。したがって「境遇がほとんど平等であるとき、人々の地位は絶えず変化する」（ii694, 松本訳2下43）といってよい。

彼の想像する「デモクラシー」社会では、従僕の階級と主人の階級はなお存在するが、それぞれの「個人」は、社会の中で地位が変動してまったく同じではない。「貴族制」社会のように恒久的、固定的のものでなく、絶えず交代可能である。突きつめていうと、トクヴィルには「デモクラシー」社会とは絶えず流動する社会というイメージがある。このイメージは、当然「秩序」維持の観念を呼び込む。

トクヴィルは「デモクラシー」社会の下でも「秩序」はあるが、「秩序のあり方が違う」と考え、「人間社会に見るべきもっとも重要なものは特定の秩序ではなく、秩序それ自体だ」（ii697, 松本訳2下48）と主張する。人間が社会生活を営む以上、幸福に生きる喜びが自由の根底だと考える人には「秩序」は当然の要求であろう。この次元では「秩序」と「自由」とは親和的である。だが「デモクラシー」社会での権力がこの自由まで侵すと想定した場合、論理的にはそれを守るため広く手段として政治的自由だけでなく、言論、結社、出版などの諸自由が制度的に不可欠である。また習俗や宗教の次元まで射程を拡げて、根源的自由の擁護の方策を模索される。これが、とりわけトクヴィルの強く「政治的自由」を主張した根拠ではないか。

ところが冷徹な目を持つトクヴィルには現実社会は、貴族制が滅んだとはいえ、フランス社会は「デモクラシー」の途上にあり、旧社会の残滓はいたるところにある。その他ヨーロッパ各国はいまだ不平等原理に基づく貴族制社会が多い。

「国民の多くがほぼ似た境遇に達して久しく、平等が古く、受け入れられた事実であるとき、公衆の感覚は例外に影響されず、ある一般的な形で人間の価値に一定の限界を付し、その上にも、その下にも、長く留まることは誰にとっても難しい」(ii695, 松本訳2下45)。彼はこう予測を交えて観察した後で、「デモクラシー」社会の本質に迫る。すなわち富と貧困の対照が現実社会にあり、また偶然二人の人間関係に上下の命令服従があっても、それは大した意味を持たない。というのは、「事物の通常の秩序に基礎をおく世論が両者を共通の水準」に近づけ、実際、不平等が歴然としていても両者の間に「一種の想像上の平等」(ii691, 松本訳2下45)が創出されるからである。

トクヴィルは、二人の間に生じる命令－服従関係は、たとえば軍隊でも同じだという。フランスでは、大革命以前の旧体制では将官は貴族階級から選ばれた。今では兵士も士官もほぼ同じ階級の出自であり、同じ地位に昇ることができる。だが、一度軍隊組織を離脱すれば、事実、士官も兵士も対等である。上官に対する兵士の服従は自発的だが限定的といえる。

この「事実」に基づく例証は「デモクラシー」社会を考える上で役立つ「イメージ」だと彼は考えた。それはアメリカでも当てはまる。ニュー・イングランドのような北部諸州では、同等の隣人が自らの意志で契約で賃金をもらうことを条件に「一時服することに同意する白人」(ii697, 松本訳2下47)がいる。

つまり「契約の結果」が両者の地位関係を決定する。主人と従僕は「心の底」ではお互いに根本的な相違を認めていない。この関係の下では二人の人間は感情を交えず相対する「契約」を結んだにすぎない。主人の場合、彼が命令者(権力所有者)であるのは、また従僕が「服従の唯一の根拠」(ii695, 松本訳2下45)は、この「契約」にこそある。

彼は、「平等の原理」の浸透という「基本的事実」の承認と「契約」というフィクションの上に「デモクラシー」社会の構造を抽出したといってよい。従来の「市民社会」論、すなわち本来情念と理性を持つ人間が諸利害の損得を計算する理性的な市民になる、と想定されたこと、そこから形成される理念的な市民(平等で自由・自立的)像が提唱された。そこには近代社会論、特にルソーの『社会契約論』(作田啓一訳、〈ルソー全集〉第五巻、(白水社、一九七九年)一二三頁)の影響が考えられる。

ルソーによると、この社会契約、すなわち結社行為によってそれぞれ契約者の一人ひとりの人格に代わって「一つの精神的で集合的な団体」が生み出される。ところがこの団体には同じ結社行為によって、「その統一、その共同の自我、その生命、その意志」が生じる。つまりホッブズと同じような巨大な一人の人間(集合的で全体的存在)が想定される。「この公的人格」は、かつては「都市(国家)」いまは共和国または政治体」と名づけられるが、受動的な面で捉えられる場合はその成員によって「国家」と呼ばれ、能動的な面で捉えられる場合は「主権者」と呼ばれる。

しかし、公的人格も国家も主権者も見方を変えると、それぞれ構成員の集合体としては「人民」と呼ばれ、また「市民」とは「主権者の参加する」一人ひとりの場合をいう。「臣民（被治者）」とは国家の法に従う場合をいう。このようにルソーは個と集団との関係を種々見方または立場を代えて統一的全体的視点から思考していたのである。つまり社会における個々の人間をめぐる網の目のような人間の関係性の追究といってよい。それはなぜか。彼の生きた旧体制の社会を理論的に批判する、言い換えると国王の唱える王権神授説に対抗する強力な理論が必要だからである。彼の主張する人民主権説は「デモクラシー」社会のまさに政治原理となった。これが近代の政治社会の理論的基礎である。この複雑な思考回路がトクヴィル的「ジレンマ」の淵源であるといえないか（あるべき権力を想像するための思考）。

同時に社会の（結合の）原理としての「社会契約」が個々の人間を関係づける土台となる。だが前述の論理は一八世紀に生きたルソーの思考の産物でしかない。フランス革命後の世代、すなわち一九世紀のトクヴィルはこの理論の持つ虚構性に気づいたに相違ない。だが、現代とは、網の目のような複雑な情報ネットワークとグローバルな金融資本の支配の下にある「競争社会」だ。その上、私たち一人ひとりと他者の関係が国民国家の枠内で形成されている。果たしてルソーやトクヴィル思想の射程はどこまで届くのか。抽象的な理論からその理念との関わりを見失わず、具体的な現実に即した解決策について熟議することであろう。

㈡「ポピュリズム」の台頭と西欧社会

近年西欧社会に台頭してきた「ポピュリズム」について、その言葉を手がかりにすれば、現代世界の複雑で多様な現象の把握に役立つ。私の知る限りこの名称を表題にした書物が、一九九〇年代以降数えてみると四〇冊ほどある。「ポピュリズム」は現代的な現象といってよい。では「ポピュリズム」とは何か。「デモクラシー」(民主主義)が人類の普遍的価値として受け入れられる一方、「ポピュリズム」とは、一般にカリスマ的な指導者の政治手法や「大衆迎合主義」を意味し、多分に負の価値を帯びている。だがこの言葉には、もともと「人民」の意味が含まれており、特に第二次大戦後南米では「解放の論理」と解された。

物事にはすべて原因があるように、西欧の「ポピュリズム」台頭の背景として①グローバリズムやEUの問題がある。マス・メディアの発達が地球規模の空間的な距離をちぢめる今日、インターネットやスマートホンの普及がグローバル化を加速させる。ベルリンの壁の崩壊(一九八九・一一)後、マーストリヒト条約(一九九三)が締結されてEU(ヨーロッパ連合)ができると、EU圏ではヒト・モノ・カネの自由な動きが形成された。その後、一部の国を除いて統合通貨である「ユーロ」の一斉導入(二〇〇二)が行われ、人々はその便利さを喜んだ。

ところが②欧州における平和理念の実現であったEUは、欧州中央銀行とEU官僚群(エリート)や欧州議会が決めた諸規則に各国が縛られる。この状況に二〇〇八年の「リーマンショック」が追い討ちをかけ、さらに押し寄せる難民問題で各国が対応に苦慮することになる。大戦後の経済復興や経済好況時に欧州各国はトルコやマグレブ三国などからの移民を歓迎したが、経済不況になると移民の入国制限に走る。
③欧州諸国では経済格差が拡大し、民衆の既成政治に対する不満は年々膨れ上がる。たとえば、フランスでは若者四人に一人は失業の事態にある、という。アルジェリア等からの移民たちがパリ郊外に住む居住区が形成され治安悪化の懸念が高まる。一方、二〇〇一年の9・11米国同時多発テロ以降、ブッシュ米大統領の「テロとの戦い」が宣言されたが、テロの犠牲者は止まない。一方、欧州各地でもテロが多発する。周知の二〇一五年パリのシャルリー・エブド新聞社事件では各国首相がテロ反対の先頭に立ったことは記憶に新しい。イスラム過激派によるテロへの恐怖と暴力事件の多発が人々の不安感情を増大させた。同時に民衆の既成政治への不満とテロリズムへの恐怖が重なる。
一方、④富裕層の蓄財や国民全体の格差の拡大が市場経済や競争原理の浸透とともに人々の生活に重くのしかかる。シリアからの難民流入や他方欧州ではイスラム人口が徐々に増大している。民衆はこうして欧州の政治社会状況に対して「われわれと他者」を区別し心の中に「壁」を作る。そこへ「ポピュリズム」が巧みな政治手法と運動によって民衆の感情に訴える。フランスを例に取れば、政権を担う社会党のオランド大統領は緊縮財政で伝統の左派支持層やサラリーマンを苦しめ、評判はよくない。その結果、政権の座を去った(二〇一七年五月大統領選挙)、FN(「国民戦線」)のマリーヌ・ルペン党首が「フランス人のためのフランス」のスローガンの下に共和国を守れと活動を強化する。フランス人の生活防衛＝EU反対、反移民、反イスラムで民衆感情を煽り、既成政党の無策を批判する。フランス第一の主張はEU・グローバル化への不安感や移民排斥・排外主義という分かりやすい解決策と結び付き民衆の共感を呼び、憂国ナショナリズムと共鳴する。大統領選の決戦投票に進んだ

マリーヌ・ルペンは親EUの立場であるエマニュエル・マクロン（三九歳）に敗れた。フランス国民はグローバル化という苦渋の選択をしたと思われる。

元来、近代「デモクラシー」は一七八九年の「人および市民の権利宣言」などに原理を求め、またリンカーンは「人民の人民よる人民のための政治」、あるいは「民の声は神の声」と訴えてきた。その点では「デモクラシー」と「ポピュリズム」は「人民」という「根」では同じである。ところで「デモクラシー」が「衆愚政治」に陥るように、「ポピュリズム」が「大衆迎合」へ走ることも事実である。もちろん広く人間には同調志向や妬みや心の内で他者と比較する傾向もある。それが結局他者への「憎悪」感情を生み出し、ときには「敵」となる。この人間の弱点を巧みに政治利用しようとするものこそ「ポピュリズム」にほかならない。つまり「われわれ」というとき「他者」は排除される。概して社会の同調志向や同一化の作用が逆に差異化を生む。注目しなければならないのは人間のこの心理作用であり、人間社会の宿病といってよい。他民族の人々に対して真のデモクラシー＝民主主義で対応し、お互いを尊重する、まさに日本国憲法の諸規定を再確認することがいま必要だと思う。

（『憲法研究所ニュース』第三六号、二〇一七年五月掲載に一部修正加筆。なお、水島治郎『ポピュリズムとは何か』（中公新書、二〇一六年）は時宜に適した簡便な文献である）

㈢「くまもん」の出現

「くまもん」とは全体が熊の形をした目玉の大きなゆるキャラである。二〇一六年四月の熊本大地震以来特に全国的に有名になった。震災被害の救援の呼びかけに活躍したのでよく知られている。私の住む滋賀県にも彦根市に兜をかぶった猫の顔の「ひこにゃん」がいる。いわゆるこうした各地にある「ゆるキャラ」は、一九七〇年代頃からそれぞれが趣向をこらし「ゆるキャラ」として現れ、一般に人気を博している。また実際かわいらしいものが多く子供にファンが多い。最近ではテレビ画像の中や各種の印刷物、特に新聞でも日常的に見かける。カラー刷りができるようになった新聞ではテレビ画像同様に目につく存在でもある。

だが、少し誇張していうと、「ゆるキャラ」は日本社会で氾濫していないか。何もそんなことに目くじらを立てることはないといわれれば、その通りといわねばならない。だが考えてみると、なぜ人はこうした「ゆるキャラ」に惹かれるのか。私たちはなぜ「ゆるキャラ」好きなのか。「お笑い芸人」がテレビ番組の出演で人気を得る時代と関係はないのか。私のような人間にはどうも気になる。

パソコンやゲーム機器で遊び、スマホの「ライン」でメッセージを送る現代の青少年たちと、テレビ時代に「くまのプーサン」や「ルパン三世」や「ひょこりひょうたん島」で育った現代青年を育てた親たちの世代や、さらに第二次大戦中に軍歌や田川水泡の漫画「のらくろ」で少年期を過ごした私のような世代とは感覚が違う。幸福観も異なるであろう。一人ひとりの経験は大切である、と思う。もちろんこうした「ゆるキャラ」が人々のいやしや現実逃避に果たしている役割を否定しようとは思わない。人それぞれであるからだ。また気分転換や元気と活力を与えることもあるだろう。

私が気になるのはそんなことではない。それは大人も子供も「ゆるキャラ」に熱をあげることの背景にあるもの、すなわち社会の幼稚化の傾向を見ているからだ。現実社会は実に厳しいものがある。その一例として、業界最大手である「電通」で東大出の新入女子社員が入社した年のクリスマスの日に自殺した。実に痛ましい。原因は複雑だが過労にあったという。この会社では「死んでも仕事をはなすな」という「鬼の一〇則」が社員用の手帳にある。この社風が社員に与える影響は計り知れない。正社員となった女子社員は、会社に認められようと日々懸命に働き続けたと思われる。

私は考えざるをえない。今日働く人の半数近くが「非正規労働者」であるという事実。その生活は維持・安定できるであろうか。仕事を休めばどんな困難が待ち受けているか。結婚適齢期の若者であれば、相手は見つかるであろうか。いろいろなことが胸中を去来する。逆にこんな社会的現実があるからこそ、人々は現実を逃避したくなるのであろう。日本社会ではかつて「小泉劇場」といわれたように、政治家のパフォーマンスが舞台で繰り広げられる演劇のように受け止められ、人々は観客と捉えられた。いま「ゆるキャラ」への魅力の原因の一つが変身願望にあるとすると、私たちは現実をのがれ仮想の世界（演劇）に遊んでいるということか。

現実社会は以前と異なり格差社会化している。この社会で私たちは生きていかねばならない。世界はアメリカのトランプ大統領の行動に注目している。というのは、グローバル時代とは地球のどこで将来世代に関わる問題が発生しても、それが私たちの生活に影響を及ぼすことを意味するからだ。現在のみならず未来を生きる人々の幸せを願わずにはおられない。それは「共に」の意味を考えること、すなわち他者の立場に立って考え、想像してみることの大切さであるといえる(『順興寺だより』(第一四〇号、二〇一七年三月)に一部修正加筆、こうした問題に興味のある人には相原博元『キャラ化する日本』(講談社、二〇一五年)がある)。

資料

人および市民の権利宣言［一七八九年］

［前文］

国民議会として構成されたフランス人民の代表者たちは、人の権利に対する無知、忘却または軽視が、公の不幸と政府の腐敗の唯一の原因であることを考慮し、人の譲りわたすことのできない神聖な自然的権利を、厳粛な宣言において提示することを決意した。この宣言が、社会体のすべての構成員に絶えず示され、かれらの権利と義務を不断に想起させるように、立法権および執行権の行為が、すべての政治制度の目的とつねに比較されうることで一層尊重されるように、市民の要求が、以後、簡潔で争いの余地のない原理に基づくことによって、つねに憲法の維持と万人の幸福に向かうように。

こうして、国民議会は、最高存在の前に、かつ、その庇護のもとに、人および市民の以下の諸権利を承認し、宣言する。

第一条［自由および権利の平等］

人は、自由、かつ権利において平等なものとして生まれ、存在する。社会的差別は、共同の利益に基づくのでなければ、設けられない。

第二条［政治的結合の目的と権利の種類］

すべての政治的結合の目的は、人の、時効によって消滅することのない自然的な諸権利の保全にある。これらの諸権利とは、自由、所有、安全および圧制への抵抗である。

第三条［国民主権］

すべての主権の淵源は、本質的に国民にある。いかなる団体も、いかなる個人も、国民から明示的に発しない権威を行使することはできない。

第四条［自由の定義、権利行使の限界］

自由とは、他人を害しないすべてのことをなしうることにある。したがって、各人の自然的諸権利の行使は、社会の他の構成員にこれらと同一の権利の享受を確保すること以外の限界をもたない。これらの限界は、法律によってでなければ定められない。

第五条［法律による禁止］

法律は、社会に有害な行為しか禁止する権利をもたない。法律によって禁止されていないすべての行為は妨げられず、また、何人も、法律が命じてないことを行なうように強制されない。

第六条［一般意思の表明としての法律、市民の立法参加権］

法律は、一般意思の表明である。すべての市民は、みずから、またはその代表者によって、その形成に参与する権利をもつ。法律は、保護を与える場合にも、処罰を加える場合にも、すべての者に対して同一でなければならない。すべての市民は、法律の前に平等であるから、その能力にしたがって、かつ、その徳行と才能以外の差別なしに、等しく、すべての位階、地位および公職に就くことができる。

第七条［適法手続きと身体の安全］

何人も、法律が定めた場合で、かつ、法律が定めた形式によらなければ、訴追され、逮捕され、また拘禁されない。恣意的な命令を要請し、発令し、執行し、または執行させた者は、処罰されなければならない。ただし、法律によって召喚され、または逮捕されたすべての市民は、直ちに服従しなければならない。その者は、抵抗によって有罪となる。

第八条［罪刑法定主義］

法律は、厳格かつ明白に必要な刑罰でなければ定めてはならない。何人も、犯行に先立って設定され、公布され、かつ、適法に適用された法律によらなければ処罰されない。

第九条［無罪の推定］

何人も、有罪と宣告されるまでは無罪と推定される。ゆえに、逮捕が不可欠と判断された場合でも、その身柄の確保にとって不必要に厳しい強制は、すべて、法律によって厳重に抑止されなければならない。

第一〇条［意思の自由］

何人も、その意見の表明が法律によって定められた公の秩序を乱さない限り、たとえ宗教上のものであっても、その意見について不安を持たないようにされなければならない。

第一一条［表現の自由］

思想および意見の自由な伝達は、人の最も貴重な権利の一である。したがって、すべての市民は、法律によって定められた場合にその自由の濫用について責任を負うほかは、自由に、話し、書き、印刷することができる。

第一二条［公の武力］
人および市民の権利の保障は、公の武力を必要とする。したがって、この武力は、すべての者の利益のために設けられるのであり、それが委託される者の特定の利益のために設けられるのではない。
第一三条［租税の分担］
公の武力の維持および行政の支出のために、共同の租税が不可欠である。共同の租税は、すべての市民の間で、その能力に応じて、平等に分担されなければならない。
第一四条［租税に関する市民の権利］
すべての市民は、みずから、またはその代表者によって、公の租税の必要性を確認し、それを自由に承認し、その使途を追跡し、かつその数額、基礎、取立て、および期間を決定する権利をもつ。
第一五条［行政の報告を求める権利］
社会は、すべての官吏に対して、その行政について報告を求める権利をもつ。
第一六条［権利の保障と権力分立］
権利の保障が確保されず、権力の分立が定められていないすべての社会は、憲法をもたない。
第一七条［所有の不可侵、正当かつ事前の補償］
所有は、神聖かつ不可侵の権利であり、何人も、適法に確認された公の必要が明白にそれを要求する場合で、かつ、正当かつ事前の補償のもとでなければ、それを奪われない。
（樋口陽一・吉田善明編『解説　世界憲法集』三省堂、一九八八年）

アレクシ・ド・トクヴィル関連年表

	トクヴィル関係	フランス国内外
一六六一		宰相マザランの死後、ルイ一四世執政開始 コルベール登場、財務総監（〜一六六五年）
一七一五		ルイ一五世誕生、五歳で即位
一七七四		ルイ一六世即位。ヴェルサイユ宮殿を中心に文化の花開く
一七八九		七月　バスチーユ攻略 八月　国民議会で人権宣言
一七九一	父エルヴェ、亡命貴族軍に入る	
一七九二		九月　共和国宣言、第一共和政（〜一八〇四年）
一七九三	エルヴェと母ルイーズ・ル・ペルティエ・ロザンボとの結婚決まる	一月　ルイ一六世処刑（ギロチン刑） 六月　国民公会を独占。モンターニュ派独裁

一七九四	ル・ペルティエ・ドネー一家釈放	
一七九九		一一月　ブリュメール（革命暦の霧月一八日）のクーデタ
一八〇四		五月　ナポレオン皇帝（～一五年）、ボナパルト朝
一八〇五	七月　三人兄弟の三番目としてアレクシ・ド・トクヴィル、パリに生まれる（二九日）	
一八一四	六月　エルヴェ、メーヌ＝エ＝ロワール県知事就任	四月　ナポレオン退位
一八一五	七月　エルヴェ、オワーズ県知事就任	七月　ルイ一八世復位（～二四年）、第二王政復古（～三〇年） 九月　神聖同盟の成立
一八一七	三月　エルヴェ、モーゼル兼知事就任、メース赴任	
一八二一	エルヴェ、ソンム県知事就任、王党派・カトリック派として活躍	一二月　過激王党派内閣成立
一八二四		一二月　ルイ一八世没、弟のアルトワ伯シャルル一〇世として即位（～三〇年）
一八二五		五月　亡命貴族の「一〇億フラン法」

一八二六	六月　エルヴェ、セーヌ＝エ＝オワーズ県知事就任 八月　パリ大学卒業 一二月　兄エドゥアールとイタリア旅行	
一八二七	四月　ヴェルサイユ裁判所判事修習生	一一月　アルジェリア侵略開始
一八二八	一月　エルヴェ、ソンム県知事退任	
一八三〇	トクヴィル、新政権（ルイ・フィリップ王）に宣誓	七月　七月勅命に抗して民衆蜂起、七月革命「栄光の三日間」 八月　ルイ・フィリップ即位、七月王政（～四八年）
一八三一	一一月　トクヴィルとボーモンはニューヨークに到着	一一月　リヨン絹織物工の蜂起
一八三二	一月　ジャクソン大統領と会見 三月　ル・アーヴル上陸（フランス北部の港）	ロアーヌ－サン＝テチエンヌ間、鉄道開通 三月末からコレラ大流行、九月までに一万八〇〇〇余の死者
一八三三	一月　『刑務所制度』出版⇩モンティヨン賞受賞 八～九月　イギリス旅行	初等公教育の整備をはかるギゾー法成立
一八三五	一月　『アメリカのデモクラシー』第一巻出版 四～八月　イギリス旅行	都市警備の強化、刑事と巡査による夜間パトロール始まる

一八三五	一〇月　トクヴィル、周囲の反対を押し切って三歳上の中産階級のイギリス人メアリー・モトリーと結婚	六月　出版物検閲制の九月法制定
一八三七	一一月　下院選挙、トクヴィル落選	パリ・サンジェルマン－アン＝レイ間に旅客列車運転開始
一八三八	トクヴィル、精神・政治科学アカデミー会員に選出	英チャーティスト運動始まる
一八三九	三月　ヴァローニュ選出の下院議員となる	労働争議各地で激発
一八四〇	四月　『アメリカのデモクラシー』第二巻出版	八月　ルイ・ナポレオン、ブローニュ蜂起失敗 ナポレオンの遺骸の帰国 夏　ルイ・ナポレオンの『ナポレオン的観念』出版
一八四一	五月　アルジェリア旅行（～六月）	三月　婦人・児童労働規制法制定
一八四二	七月　下院議員に再選	六月　鉄道関連法成立
一八四六	八月　下院議員に三選	五月　ルイ・ナポレオン脱獄しロンドン亡命 プルードン『貧困の哲学』出版
一八四七		七月　選挙改革を求める改革宴会運動開始 一〇月　アルジェリアのアブドゥル・カーディル降伏 イギリスの経済恐慌、大陸に波及

一八四八	四月　憲法制定議会議員に当選	二月　二月革命、第二共和政成立（～五二年） 二月　マルクス『共産党宣言』発表三月　男子普通選挙法、一〇時間労働制 四月　制憲議会選挙で穏健共和派圧勝 五月　臨時政府に代わって執行委員会体制成立 六月　国立作業場閉鎖に抗してパリ民衆・手工業労働者六月蜂起 一一月　第二共和政憲法成立 一二月　普選による大統領選挙でルイ・ナポレオン圧勝、約九〇〇万票獲得
一八四九	健康を害し議会を休む 五月　立法議会議員当選 六月　第二次バロー内閣の外相（一〇月辞任）	四月　ローマ共和国への軍事干渉 プルードン「人民銀行」計画 七月　ローマ占領 ラマルティーヌ『一八四八年革命史』出版
一八五〇	三月　トクヴィルは喀血におののく	三月　ファルー法成立（公教育への教会の進出）
一八五一	トクヴィル、憲法改正委員会委員 『回想』執筆、没後出版（一八九三年）	五月　ロンドン万国博覧会開催
一八五一	一二月　身柄拘束	一二月　ルイ・ナポレオンのクーデタ、パリ戒厳令

一八五二	胸膜炎にかかる	一月　自由・平等・友愛の標語、建築物からの除去命令 九月　クレディ・モビリエ設立（〜七〇年） 一一月　人民投票で帝政復活承認 一二月　ナポレオン三世即位、第二帝政成立（〜七〇年）
一八五三		七月　セーヌ県知事にオスマンを起用（〜五八年）
一八五五		五月　パリ万国博覧会開催 一一月　クリミア戦争に介入（〜五六年）
一八五六	六月　『旧体制と大革命』出版 エルヴェ、死去	三月　ミシュレ『宗教戦争』〈フランス史〉第九巻
一八五七	六—七月　最後のイギリス旅行	
一八五九	四月　転地療養先のカンヌで死去（一六日） 五月一六日　故郷のトクヴィルに埋葬	二月　サイゴン占領、インドシナ侵略開始 二月　パリ城壁内の市町村パリに合併。市域二〇区に拡大 五月　イタリア統一戦争に介入、対オーストリア宣戦布告

一八六〇		一月　英仏通商条約 一一月　憲法修正、自由帝政への転換 主要鉄道網完成
一八六三		六月　メキシコシティー占領 八月　カンボジアを保護国化
一八六四	ギュスターヴ・ド・ボーモン版トクヴィル全集刊行（～一八六六年、全九巻）	
一八六七		四月　パリ万国博覧会（～一一月） 三月　メキシコから撤兵、マクシミリアン処刑
一八六八		六月　新集会法実施で「無許可集会」など共和派の運動活性化
一八六九		七月　議会権限拡大へ、「議会帝政」成立
一八七〇		一月　オリヴィエ内閣成立 七月　対プロイセン宣戦布告（普仏戦争） 九月　ナポレオン三世スダンで降伏、臨時国防政府成立（第二帝政崩壊）

参考文献

▼日本語で読めるトクヴィルの著作
①松本礼二訳『アメリカのデモクラシー』（上下各二巻、岩波文庫、二〇〇五―二〇〇八年）
②小山勉訳『旧体制と大革命』（ちくま学芸文庫、一九九八年）
③喜安朗訳『フランス二月革命の日々――トクヴィル回想録』（岩波文庫、一九九八年）
トクヴィルの主要著作で最も有名なものは①『アメリカのデモクラシー』、②は自国の歴史研究に関わるフランス史の名著、③は同時代史から捉えたもの。人物描写や歴史への深い捉え方がよく出ている。

▼文庫や新書等で手軽に読めるトクヴィル思想への入門書・手引書
①ジャック・クーネン＝ウッター／三保元訳『トクヴィル』（白水社、文庫クセジュ、二〇〇〇年）
②河合秀和『トクヴィルを読む』（岩波セミナーブックス、二〇〇一年）
③小山勉『トクヴィル――民主主義の三つの学校』（ちくま学芸文庫、二〇〇六年）
④宇野重規『トクヴィル――平等と不平等の理論家』（講談社、選書メチエ、二〇〇七年）
⑤富永茂樹『トクヴィル――現代へのまなざし』（岩波新書、二〇一〇年）

①〜⑤はいずれもトクヴィルを現代的視点をふまえて著述されたすぐれた入門書である。特に④は平等と不平等との対比において、理論的観点からトクヴィル思想を見事に整理したもの。

▼専門的研究書

①田中治男『フランス自由主義の生成と展開』(東京大学出版会、一九七〇年)
②S・ドレッシャー/桜井陽二訳『デモクラシーのジレンマ』(荒地出版社、一九七〇年)
③小川晃一『トクヴィルの政治思想』(木鐸社、一九七五年)
④中谷猛『トクヴィルとデモクラシー』(お茶の水書房、一九七四年)
⑤同『フランス市民社会の政治思想——アレクシス・ド・トクヴィルの政治思想を中心に——』(法律文化社、一九八一年)
⑥松本礼二『トクヴィル研究　家族・宗教・国家とデモクラシー』(東京大学出版会、一九九一年)
⑦宇野重規『デモクラシーを生きる　トクヴィルにおける政治の再発見』(創文社、一九九八年)
⑧松本礼二・三浦信孝・宇野重規編『トクヴィルとデモクラシーの現在』(東京大学出版会、二〇〇九年)
⑨高山裕二『トクヴィルの憂鬱』(白水社、二〇一二年)
⑩アンドレ・ジャルダン/大津真作訳『トクヴィル伝』(晶文社、一九九四年)である。
⑪阿川尚之『トクヴィルとアメリカへ』(新潮社、一九九七年)
⑫レオ・ダムロッシュ/永井大輔・高山裕二訳『トクヴィルが見たアメリカ——現代デモクラシーの誕生——』

（白水社、二〇一二年）

⑨は最近の若手のトクヴィル研究者の研究書。⑩はトクヴィルの伝記決定版といわれる。また、⑪⑫はトクヴィルのアメリカ旅行についての著作。いずれも最近のトクヴィル研究の成果を反映している著作。

▼トクヴィル関連の研究書

①デイヴィッド・リースマン／加藤秀俊訳『孤独な群衆』（みすず書房、一九六四年）
②ロバート・N・ベラー他／島薗進・中村圭志訳『心の習慣』（みすず書房、一九九一年）
③ハンナ・アレント、志水速雄訳『人間の条件』（中央公論社、一九七五年）
④同『革命について』（みすず書房、一九七三年）
⑤安西敏三『福沢諭吉と自由主義』（慶応義塾大学出版会、二〇〇七年）などがある。

①②はトクヴィル思想を手掛かりにアメリカ社会を論じたもの。また、③は自由な国家構造や人間と自由との関係をトクヴィル思想から読み取ったもの。⑤トクヴィルと福沢諭吉との思想的関係を扱った好著。

▼フランス近代史

①服部春彦・谷川稔編『フランス近代史―ブルボン王朝から第五共和政へ』（ミネルヴァ書房、一九九三年）
②谷川稔『十字架と三色旗』（山川出版、一九九七年）
③服部春彦・谷川稔編『フランス史からの問い』（山川出版、二〇〇〇年）

④谷川稔・渡辺和行編著『近代フランスの歴史』(ミネルヴァ書房、二〇〇六年)
⑤G・ルフェーヴル/高橋・柴田・遅塚訳『一七八九年——フランス革命序説』(岩波書店、一九七五年)
⑥T・C・W・ブラニング/天野智恵子訳『フランス革命』(岩波書店、二〇〇五年)
⑦柴田三千雄『フランス革命』(岩波書店、一九八九年)
⑧フランソワ・フュレ/大津真作訳『フランス革命を考える』(岩波書店、一九七五年)
⑨レイモン・アロン/北川他訳『社会学思考の流れ』Ⅰ(法政大学出版局、一九七四年)

⑧はトクヴィルの思想的営みをヒントにフランス革命史を再考した問題作。⑨は社会学の視角からトクヴィルを考察したもの。

あとがき

本書の執筆のきっかけについて話しておきたい。私事にわたって恐縮ではあるが、僕には生涯忘れえない三歳年上の義兄がいた。日常では冗談をいい合うなかだが、細やかな配慮の欠くことのない、しかも芯の通った人であった。若い頃に知り合い終生親密な交流があったが、昨年一一月に他界した。病床に妻泰子と共に見舞いに行った際、驚いたことがあった。病状はすい臓がん末期のステージにあったにもかかわらず、病室はまるで書斎のように短歌雑誌が各所に散らばり、大きな辞書類やワープロやプリンターが目についた。一目瞭然、義兄は最後の力を振り絞ってすでに発表した短歌の編集をしていたのである。僕たちは余命いくばくかの彼を目の当たりにしながら、その作業を手伝うこととなった。この敬愛する義兄の最後の短歌集の編集に立会い深い感動を覚えた。

義兄は良き相談相手であり、また若い頃のトランプ遊びの仲間でもあった。カント哲学の研究者として、また浄土真宗の僧侶として二束のわらじを履いていたことが彼の悩みの根底にあり、その一端が短歌集『沙羅双樹』や没後の出版『雑木林』（砂子屋書房、二〇一七年）によく表われている。人間としてどう生きるべきか、僕は多くのことを学んだ。このようなことが本書の動機にある。

さて無邪気な同時代の少年と変わらず、軍国少年の僕は近所の遊び仲間と独楽《こま》回しやビー玉遊びに興じていた。大きな転機はいうまでもなく国民学校四年の夏の敗戦である。日本の勝利を疑うことなく、よく耳にする軍歌などを高唱する腕白少年でもあり、わが「神国」の敗北はありえないという小学校教師にうなずいていた。そして戦後デモクラシー時代の到来である。巷にこの言葉があふれ、「デモクラシー」(=民主主義)は光輝いていた。まるでシャワーを浴びたようだった。戦後の我が家も生活に困窮したが、「でも暮らしいい」(デモクラシー)と日常生活を肌で感じた。だがこの頃、僕にはその言葉の持つ本当の意味は分からなかった。

後になって「デモクラシー」には多様な意味があることを理解した。すなわち、欧米では古代ギリシャ以来、「民衆の統治」や「多数支配」、反面「衆愚政治」という両面的価値を含む多様な概念であることだ。一方、日本ではこの言葉は西洋から輸入されて以来、自由と平等を含む「理念的な価値」を持ち続けた、と思われる。たとえば僕の生まれた一九三〇年代の半ばとは、実に恐ろしい時代で軍部の専横がはびこり、当時の著名な憲法学者、美濃部達吉の「天皇機関説」などが槍玉に上がった。言論弾圧はますます激しくなる中で、多くの市民までもが口を閉ざさねば生きていけない「嵐」のような政治・社会環境が到来した。いまの時代では想像できない暗い社会があった。当時の歴史を紐解くと、真実を知らされていない人々がどのように生きていたか、いく分か理解できる。ところで若い頃、いろんな書物を乱読していたときに、著名な近代思想の著作にあった「人間は人として生まれ人間になる」という表現の意味に強い関心を抱いた。つまりこれは人間が二度生まれるといっているのと同じでないか。この疑問が心の中に長い間あったことは確かだ。こんな疑問は犀利な人ならたちどころに分かるだろう。だが僕には時間が必要であった。こういうことかと納得するために多くの時間を費やした。いまではもう遠い過去のことである。

トクヴィル（人と思想）についていうと、僕がこの思想家について研究し始めた頃は、小川晃一先生や田中治男先生らの専門研究者や関心のある分野の知識人には既知の思想家であったが、J・S・ミルやK・マルクスやM・ウェバーのように有名ではなかった。一般にほとんど知られていなかった。東欧社会主義諸国の崩壊前後から、急速に彼の思想が注目されることになった。

第二次大戦においてファシズムに対する「デモクラシー」との戦いが喧伝されたが、戦後世界は「デモクラシー」の潮流が大きくうねり、上げ潮となった。日本では「戦後民主主義」を経て「大衆社会」の出現となると、彼の思想の予言性が取り上げられ、一般の人々にも知られるようになった。敷衍すると、彼の場合、生きていた時代に生成する「デモクラシー」の長短を冷静に考察した貴族出の自由主義的思想家として評価されていた。だが時代と共に忘れられた人になったことは間違いない。

今日、彼の思想的な遺産をどのように考えればよいのか。つまり、思想にはおよそイデオロギー性、言い換えると時代の制約性やその人の偏見、あるいは個人的好みが付着している。だから公平な考察がいる。特に政治思想は時代と深く関わる、時の産物と考えられるだけに、読み手は注意を払わなければならない。一刀両断の評価は禁物で丁寧な考察がいる。一方、読み手の主観性は免れることはできない。

もちろん、トクヴィルの思想、特に政治・社会思想には時代制約性があったことは他の思想家同様であったが、今日の問題に通じる普遍性や洞察力があったといえる。その問題をどのように定めるかは論者によって異なる。当然のことである。彼の関心とは「デモクラシー」とその担い手である人間にあった。人間存在そのものに「デモクラシー」の思想の評価を求めたと考えてよい。

ところで、市民社会叢書の一冊として拙著『トクヴィルとデモクラシー』（御茶の水書房）が出版され、『朝日新聞』書評欄でデモクラシーについて「隔靴掻痒の感あり」の評言があった。当時「デモクラシー」について思慮の足りなかった僕は大きな宿題をもらった気分だった。その後時がたちデモクラシーについて普遍性の側面と近代国家のイデオロギー性の二面性から考えるようになった。すなわち近代国家の樹立とその国民形成のための理論である。近代国家は王権神授説を退け、統治の正当性の源泉を人民（国民）に求めた。だとすると政治主体を確定することと、統治を担う制度的装置、すなわち代議制が必要である。またその構成員（代議士たち）や彼らを選ぶいわゆる選挙民（有権者）とその資格が問われる。こうした一連の作業がすべてデモクラシーに必然的に関連する。近代国家の樹立に必要な法的政治的過程といってもよい。

一方、当時の対象となる「市民」は、市民革命後のそれぞれの社会に住む人々であり、憲法上「自由で平等な市民」として観念的に規定される一人ひとりであり、「国民」としては集団的存在でしかない。いずれにしろ、そこには利害やイデオロギーや習俗が絡み付く。ここでもデモクラシーは市民や国民を作り出す便利な言葉として用いられる。トクヴィルが「デモクラシー」に込めた意味は上述のような近代化の過程に生じた変転する人間の運命のことではなかったか。

おわりに、パソコンやスマホやインターネットの全盛の時、こうした研究書は出版の厳しい時代である。しかし、小出版社の大きな望みである「文化の配達人」を自負して拙著の刊行をしてくださった、萌書房の白石徳浩さんに感謝し、また大変お世話になったとお礼申し上げる。私にとって人生の伴走者である泰子に感謝を込めて、このささやかな書物を贈りたい。

二〇一七年九月

著者記

■著者略歴

中谷　猛（なかたに　たけし）

1935年京都市に生まれる

立命館大学名誉教授（法学博士）

語りつぐトクヴィル　叢書〈語りつぐ政治思想〉

——再生のための「デモクラシー」考——

2017年11月20日　初版第1刷発行

著　者　中谷　猛

発行者　白石徳浩

発行所　有限会社　萌《きざす》書房

〒630-1242　奈良市大柳生町3619-1

TEL（0742）93-2234 / FAX 93-2235

［URL］http://www3.kcn.ne.jp/~kizasu-s

振替　00940-7-53629

印刷・製本　共同印刷工業・藤沢製本

ISBN978-4-86065-114-5

●好評発売中●

岡林伸夫著

万延遣米使節におけるアメリカ体験の諸相

四六判・上製・カバー装・194ページ・定価：本体2200円＋税

■万延元年(1860)1月，ポーハタン号にて出航した遣米使節団のうち，日本人の西洋体験の典型的な3つの特徴をそれぞれ示す村垣範正・玉虫左太夫・佐野鼎を取り上げ，彼らの持つアメリに対するイメージがどう変容していったのかを綿密に検証。

ISBN 978-4-86065-105-3　2016年9月刊

米原謙・長妻三佐雄 編

ナショナリズムの時代精神
――幕末から冷戦後まで――

A5判・並製・カバー装・302ページ・定価：本体2800円＋税

■幕末・維新から冷戦後までの近代日本の200年間を，ナショナリズムの問題に焦点を当て考察。象徴的・特徴的な人物やテクストを取り上げ，それらを具体的な時代状況と関連付けて読み直し，そのナショナリズム感を抽出。

ISBN 978-4-86065-052-0　2009年11月刊

小幡清剛著

丸山眞男と清水幾太郎
――自然・作為・逆説の政治哲学――

A5判・上製・カバー装・256ページ・定価：本体3200円＋税

■丸山眞男と清水幾太郎――現代日本が生んだ二人の知の巨人が展開した，レトリック復権論，精神的貴族待望論や治安維持法肯定論を舞台とする思想的格闘の現場を，孤高の法哲学者が独自の視座から分析。

ISBN 978-4-86065-118-6　2017年8月刊